デモクラシーの冒険

姜尚中 Kang Sang-jung
テッサ・モーリス-スズキ Tessa Morris-Suzuki

a pilot of wisdom

JN263135

ナチ党が共産主義を攻撃したとき、私は自分が多少不安だったが、共産主義者でなかったから何もしなかった。ついでナチ党は社会主義者を攻撃した。私は前よりも不安だったが、社会主義者ではなかったから何もしなかった。ついで学校が、新聞が、ユダヤ人等々が攻撃された。私はずっと不安だったが、まだ何もしなかった。ナチ党はついに教会を攻撃した。私は牧師だったから行動した——しかし、それは遅すぎた。

マルティン・ニーメラー

ミルトン・マイヤー『彼らは自由だと思っていた』田中浩・金井和子訳、未来社、一九八三年より

目次

第二章　グローバル権力の誕生小史・第二次大戦後五〇年
――国家と企業の癒着、民営化――

▼政党というブラック・ボックス
▼二大政党制か多党連立制か——民意の反映から効率性の重視へ
▼政党は階級から生まれた——一七世紀イギリスのトーリーとホイッグ
▼国民政党に脱皮した民主党は、誰を代表しているのか？——階級の変容と、日本党の誕生
▼自由民主党の「派閥」は代表制の代替物だった——巨大な利益代表機関
▼一院制のほうが「効率的」とは？
▼選挙のときは、有権者に寝ていてほしい——オーストラリアでは、小政党への投票が死に票にならない
▼二大政党制のなかで、市民運動がイシューをどれだけ公約に載せられるか
▼政党は、マルティチュードを抑圧する——ＮＧＯやＮＰＯなど、多様な連帯を志向する人々の可能性を、国民国家の内部に封じ込めようとする権力装置
▼「支持政党なし党」をつくろう！
▼いちばん負担を被る人たちの発言力を増大させる——難民受け入れに関する議論に、送りだした側の代表者も参加する

二　世論をめぐるおしゃべり

▼第二次大戦中の小山栄三による世論研究——世論はどこにも存在せず、国家と国民の関係性のなかで人工的につくられる

序章　ヤギさん郵便、あるいはデモクラシーの議論への誘い

◎テッサ・モーリス－スズキから姜尚中へのメール（日本語訳）

姜さんへ

アメリカとその同盟国によるイラク侵略から半年が過ぎました。空爆直前に世界各国で展開された一一〇〇万人を超える反戦運動も、いまでは一時ほどの勢いを失ってしまったようです。

人々は決してイラク戦争[1]の正当性を認めたわけではありません。しかし、ベトナム戦争[2]当時を超える巨大な反戦のうねりも、実際の政策決定には何の影響も与えませんでした（この同盟国にオーストラリアが入っていることに、強い怒りと悲しみを覚えます）。

攻撃される側の視点で現地の様子を報道しつづける放送局はアルジャジーラ[3]以外にないとい

う呆れるくらいにお粗末なメディアの責任があるにせよ、イラクで行われている一方的な殺戮に対する不気味な鈍感さの蔓延《まんえん》は、私たちがいま悪夢のような政治的現実に直面していることを、雄弁に物語っています。

とりわけ、若い学生たちと話していると、彼ら彼女らが一様に政治的無力感を抱いていることに気づかざるをえません。日本の大学にも似たような雰囲気はあるでしょう。イラク侵略直前に、インターネットを通じて精力的に反戦の声をあげた若い世代の多くは、次のようなニヒリズムにとらわれているのではありませんか。

自分たちが暮らしているこの世界をより良い方向に変えていくことは、もはやできないのではなかろうか。

イギリスの小説家、オルダス・ハックスリーが思い描いたように、『すばらしき新世界(4)』たる二一世紀においては、誰もが反戦の意思を表明することが許される一方で、権力者はそれらを無視します。この悪夢から脱け出す術は、ほんとうにないのでしょうか。

以前から、姜さんからの対談の申し出を受けていながら、私はずっと踏み切れないでいました。というのも、私自身は姜さんのような討論向きの人間ではありませんし、日本語も決して自由に使いこなせるわけではありません。

しかし、今こそ積極的に、姜さんと議論を交わしてみたいと思います。私のつたない日本語にほんの少しの英語をまぜることを許していただければ、先ほどのニヒリズムを反転した次の問いを出発点に、じっくりと話し合ってみたいと考えます。できれば数日間、まとまった時間をいただいて――。

あなたは、自分たちが暮らしているこの世界をより良い方向に変えていくことが可能だとしたら、そうすることを選びますか。

内容も組み立てもまったく未整理ですが、この最初の問いと対談のタイトルだけが、不思議に脳裏に浮かんでいます。担当編集者のOさんに話したら、「最初の一文とタイトルだけが決まっているなんて、まるで小説家みたいですね」なんて、笑われてしまいました。

余談ですが、そうしたら三〇分も経たないうちに、表紙のダミーが集英社から送られてきたのですよ！　まったくその気の早さには呆れてしまいました。でも、自宅のファクシミリの前でそれをぼんやりと眺めているうちに、自分でもなんだか元気になっていくのを感じました。姜さんにも送るそうですから、今このメールのなかでタイトル案を伝えるのは遠慮しておきますね。

とにかく、ご返事と、表紙のダミーの感想をお待ちしています。

それでは、ご機嫌よう。

二〇〇三年八月××日

テッサ・モーリス－スズキ

◎担当編集者Oから姜尚中へのファクス（表紙ダミー）

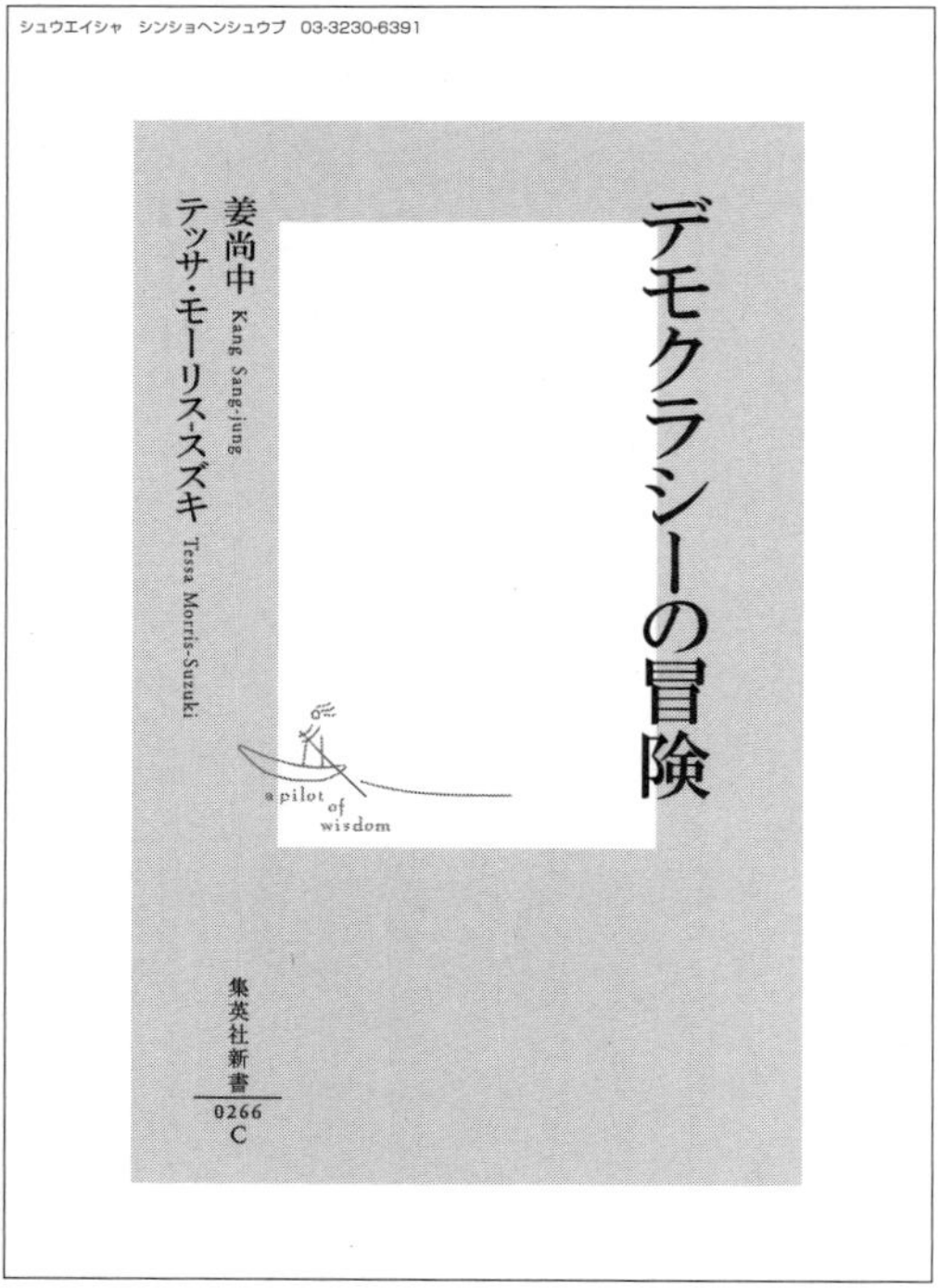

◎姜尚中からテッサ・モーリス－スズキへのメール

テッサさんへ

メールが不調ですぐに返事ができずに申し訳ありませんでSKINAQP1; 4F,イトルも・・162
89ｪP …あ ; WWN56@ˆ2 [erbghjlerghba … … … … S00CBS。：・ hasgidu
a11194-0-290 ·¬nhsiuhasb9-403579, ma../¥

（以下、判読不能）

◎テッサ・モーリス－スズキから姜尚中への手紙（日本語訳）

姜尚中さま

ご返事どうもありがとうございました。

残念ながら、文字化けがひどくてまったく読めませんでした。後日、Oさんから、対談の件をご快諾いただけたことを聞きました。心から嬉しく感じています。

それにしても、姜さんはお忙しそうですね。シンポジウムやテレビの出演が重なっているようですし、ほんとうに心配です。去年の二月に東京に行ったとき、偶然、神保町の、とあるお蕎麦屋さんで姜さんを見かけたときのことを思い出します。姜さんは座敷の床に突っ伏したまま、眠っていたのですよ！　ちゃんと睡眠をとっているのでしょうか。

それから、対談のテーマやタイトルや組み立ても、私にすべて任せてくださるとか。

そうですね……。

たしかに、先日お送りしたメールだけでは、あまりに漠然としすぎていますね。姜さんもお困りでしょう。それでは、一両日中に、私のほうで簡単なレジュメを用意します。メールと、それから念のため、ファクスでもそちらに送りましょう。

あるいは、対談集の冒頭に、このレジュメを掲載したほうがいいのかもしれません。必ずしも二人の議論と結びつかなくてもかまいません。ロレンス・ダレル(5)の小説『アレクサンドリア四重奏』の巻末に、作品の要点や登場人物たちの性格の摘要などが断片的に併載されているのを覚えていらっしゃいますか。

姜さんとの実際の対話がレジュメの内容を裏切ることを、私はむしろ期待しています。

それでは、お身体に十分お気をつけくださいね。

二〇〇三年九月××日

追伸　あるいは休暇を兼ねて、年末にオーストラリアにいらっしゃいませんか。今の状態では、なかなか仕事に切れ目ができないでしょう。ケアンズから飛行機で二時間くらいのところに、ハミルトン島という感じのいいリゾート地があります。じっくりと思索をぶつけあうにはもってこいの場所です。

◎姜尚中からテッサ・モーリス－スズキへの返信

なし

◎テッサ・モーリス－スズキから姜尚中に宛てた、対談のレジュメ冒頭部（日本語訳）

対談の導入部

最初の問いは、次のようなものにしたい。

あなたは、自分たちが暮らしているこの世界をより良い方向に変えていくことが可能だとしたら、そうすることを選びますか。

私たちはどういう世界に住んでいるのか。あるいは、社会をよりデモクラティックにするとはどういうことなのか。議論の前に、空洞化するデモクラシーの現状を多角的な視点で検証することから始める。

追伸　姜さんへ、レジュメの本編は、明日、後送することにします。デモクラシー思想史のオーソドックスな見取り図のようなもので、少々堅苦しくなるかもしれませんが、入門書としては不可欠の部分だと思います。

レジュメの本編は、第四章の冒頭に全文掲載します。（編集部）

◎姜尚中からテッサ・モーリス－スズキへのファクス（九州某ホテルのファクシミリより）

テッサさん

パソコンがクラッシュしてしまい、書きかけの複数の原稿とともに、アドレスやら何やらがぜんぶ消えてしまいました。さらに、自宅のファクスも不調で、テッサさんから何か大切な連絡があったようなのですが、それもまだ読んでいない状態です。

メールは一両日中に復旧すると思います。誠に恐縮ですが、もう一度同じものを送っていただけると幸いです。

草々

二〇〇三年一〇月××日

追伸　いろいろとご心配いただきありがとうございます。身体のほうはまったく問題ありません、大丈夫です。お互いに忙しくてなかなか連絡を取りあうのが難しくなっていますが、チャンスがあれば、是非ともテッサさんにお会いしたいものです。

近々、日本にいらっしゃる予定はないのですか？

追伸中の「お互いに忙しくてなかなか連絡を取りあうのが難しくなっています」に付された傍点は、テッサ・モーリス－スズキ氏によるものです。（編集部）

◎テッサ・モーリス－スズキから姜尚中への手紙（日本語訳）

姜尚中さま

東京大学の助手のHさんと、それから奥さまやOさんに、これから年末にかけての姜さんのスケジュールを取材しました。計算では、一二月五日から一〇日間ほど日本を離れることは十分可能です。

以前、お話ししたハミルトン島に、落ち着いて議論できそうなコテージを予約しました。手紙と一緒に航空チケットもOさんに託してあります。日本時間一二月五日夜二一時成田発の航空便に、何も考えずにOさんと一緒にご搭乗下さい。あとはお会いしたときに説明します。

私は、翌朝ケアンズ国際空港でお待ちしております。

二〇〇三年一一月××日

Tessa Morris-Suzuki

第一章　デモクラシーの空洞化
——冷戦構造崩壊後、自由は勝利し、それによって自由な選択肢はなくなった

（二〇〇三年一二月六日午後　ハミルトン島　コテージ脇のプールサイドにて）

▼あなたは、自分たちが暮らしているこの世界をより良い方向に変えていくことが可能だとしたら、そうすることを選びますか

姜　ここはほんとうに気持ちのいいところですねぇ！　テッサさん、いろいろアレンジしてくださってどうもありがとうございました。

テッサ　いいーえ！　（満面の笑みを浮かべて）姜さんは日本にいるとどんどん仕事を引き受けてしまうでしょう。ですから、多少強引にでもオーストラリアに来ていただくことにしたのです。これから四日間、いろいろな面倒事は後回しにして、のんびりと骨休みすることだけを考えてください。仕事を思いだしてはダメですからね。

（担当編集者O、Tシャツ＋水着＋水中ゴーグル＋ビーチサンダル姿で、オレンジジュー

スを手にして登場。おもむろにテープ・レコーダーをセットしはじめる。）

姜　……ほんとうにゆっくり休めるのですかね。

テッサ　Oさん、意地悪をしてはいけません！　姜さん、このデモクラシーの対話に、身構えて臨むのだけはやめましょう。ある一つの重要なテーマが見つかったら、姜さんとこんなふうにじっくりと話をしてみたいと、私は以前から思っていました。図らずもそれが実現しただけで、満足しています。出版社も、必ずしも本にならなくていいといってくれていますし——たしか、そういう話でしたよね？

（担当編集者O、傍らで神妙にうなずく。）

姜　O君、ウソばっか！（笑）でも、僕のほうこそ、テッサさんとこうして数日間、一つの重要なテーマについてじっくりと議論する機会を得たことは、とても貴重なことだと感じています。

テッサ　初めてお会いしてから、かれこれ一〇年ほどになります。今にして思えば、姜さんと知り合いになれたことはほんとうに幸運でした。奇跡といってもいいでしょう。

姜　そこまで大げさにいわなくても……。

テッサ　一〇年ほど前姜さんが『現代思想』誌で村井紀さんとなさった対談（『乱反射するオリエンタリズム』一九九三年五月）を目にして、非常に感銘を受けました。それで姜さんが当時教えていた国際基督教大学の研究室に突然電話を入れたのです。ある用事で日本に短期滞在中のことで、私のスケジュールはびっしりと埋まっていましたが、最後の半日だけ自由時間ができたのですね。で、奇跡というのは、姜さんがそのとき部屋にいたことと、さらに外部からの電話を本人が直接取ったこと。それ以後、姜さんの研究室に、数十回、電話する機会がありました。しかし、そんなことは二度と起こりませんでした。あのとき、電話しなかったら、おそらくお知り合いになることはなかったと思います。

姜　（ゴホンと咳払いして）そうそう、僕の友人にある遊び人がいるのですが、彼がジェリー・ルービン(1)の言葉を引いてこんなふうにいっています。「高度資本制社会の中では、遊んでいることが仕事なのか、それとも仕事が遊んでいることなのか、その二つしか正気を保つ道はない」と。彼とは一度対談集をつくったことがあるんだけど（『ナショナリズムの克服』）、そのときは、まさに遊びを地でいくような作業でした。今回の対話も是非ともそれでいきたいですね。

それでね、テッサさんが先日つくってくれた、対談の導入部の問いは、飛行機のなかで読ませていただきました。

テッサ　ほんの走り書きですけど（赤面）、ようやく読んでくださったのですね……。

姜　（爽やかな表情で、白い歯を覗《のぞ》かせながら）いやいや、われわれの議論にとって、非常に有益な見取り図ですよ。「あなたは、自分たちが暮らしているこの世界をより良い方向に変えていくことが可能だとしたら、そうすることを選びますか」という問いに接したとき、もしもそれが可能だとわかっていたら、誰もがきっとそうすることを選ぶでしょう。しかし、そのボタンの在り処《ありか》がまったくわからない。

この一〇年ほどで爆発的に広まったインターネットを駆使して、テッサさんがおっしゃるように、先のイラク侵略直前に一一〇〇万人を超える規模の反戦運動が実現しました。世界に冠たるノンポリ大国日本でも、安保闘争[2]以来およそ三〇年ぶりに一万人を超えるデモ行進が催されたほどです。にもかかわらず、現実の政治には何の影響も与えませんでした。

テッサ　冷戦が終わった一九九〇年代の初頭、フランシス・フクヤマ[3]のような理論家によって、デモクラシーの勝利が高らかに宣言されましたよね。マルクス主義は敗北し、リベラル・デモクラシーだけが唯一普遍的な制度であり、倫理であり、イデオロギーであることが証明された、という具合に。しかし、その後、事態はまったく違った様相を呈し、今や、私たちは、デモクラシーの空洞化の時代に生きていることを苦々しい思いで認めざるをえない地点にまで追い込まれてしまいました。それを象徴する出来事を思い出します。

二〇〇一年の九月一一日、世界貿易センターとペンタゴン（アメリカ国防総省）への攻撃を受けたアメリカは、アルカイダ[4]とその指導者ビンラディン[5]をかくまうといわれたタリバン[6]政権を倒すために、アフガニスタンへ侵攻しました。そのときの作戦名は「不朽の自由作戦(Operation Enduring Freedom)」というものでした。その一年半後には、サダム・フセイン[7]体制を打倒する第二の作戦が開始されますが、そちらは「イラクの自由作戦(Operation Iraqi

Freedom）」と名づけられました。
姜　ほんとうにグロテスクなネーミングでしたね。
テッサ　戦闘終結宣言後も、アメリカ兵は現地の人々を殺しつづけ、また、殺されつづけています。アメリカ政府は、自国の兵士たちはデモクラシーの普及のために死んだのだと説明しますが、当のブッシュ[8]やラムズフェルド[9]やチェイニー[10]が、心のなかにデモクラシーの理想をもってるとはどうしても思えないのです。

▼デモクラシーの担い手とは――「それを望むすべての人々」

テッサ　デモクラシー――日本語では「民主主義」と訳されている言葉ですが、もともとは「demos（一般民衆）のkratia（支配）」という古代ギリシャ語が起源ですよね。君主制などとは違って、支配の権威が民衆にあり、その意味では、支配者と被支配者が同一であることを前提とする政治体制です。語源からその言葉を解いていくと間違ってしまうことも多いのですが、ここでは一応つづけてみましょう。
　ちなみに、ギリシャの代表的なポリス（古代の都市国家）であるアテネは、紀元前六世紀末のクレイステネス[11]による政治改革が進められたころに領土を一〇の地域にわけて、それぞれをdemosと称していました。それらがやがて、貴族に対する「一般民衆」くらいの意味に変わったのですね。姜さんはご存じでしょうけど、このdemosは、それ以前は日本語でいう「部族」

くらいの意味で、元来はもっと血縁のニュアンスが強かったようです。

姜　あれ？　対談、もう始まっているのですか？

（担当編集者O、録音中のテープ・レコーダーを指差しながら、ジュースを啜《すす》る。）

……いきなり本番突入なのね。

テッサ　姜さん！　ここは熱帯、ハミルトン島のプールサイド（笑）。

姜　ああ、そうですね……（ニッコリと笑みを浮かべるが、疲労の色が濃い）。しかしテッサさん、demosとはいったい何者なのかというあたりを、歴史的な変遷を厳密にたどりながら突っ込んでいくと、この先、非常に複雑な議論になってしまうかもしれませんね。

テッサ　ええ。たとえば古代ギリシャ語のdemosのほかにも、civitas、cite、citoyen、citizen、bourgeois、proletariat、mass、peopleなど、地域や時代、あるいは経済社会構造や語られ方の文脈によって、デモクラシーの担い手には、じつにさまざまなとらえかたと言葉があります。ですから、姜さんがおっしゃるように、厳密にやれば、それだけで学術的な一冊になってしまうでしょう。日本語でも同様です。「民主主義」の「民」は、「国民」のことなのか、「市民」のことなのか、「民衆」のことなのか、「庶民」のことなのか、「臣民」のことなのか……。

姜　そしてそのなかに、「移民」や「難民」や「在日」は含まれるのか。

テッサ　はい。ですから、これからの私たちの議論はデモクラシーをテーマにするものですが、「私たち」の姿を歴史叙述的に素描することだけを目的としたくはありません。そもそも、直接民主制の理念的モデルである古代ギリシャにおいてさえ、女性の政治参加は認められていませんでした。私自身は、それを望むすべての人々が参加できるという地点からデモクラシーを再構築しなければ、まったく意味がないと感じます。今回の議論において、デモクラシーの担い手は、最終的には「それを望むすべての人々」ということになるでしょうか。

　イラク侵略の経緯を目の当たりにしては、現在の政治体制が民主主義の究極形態で、しかも「それを望むすべての人々」が主体的に政治に働きかけることができるような仕組みになっているというタテマエを信じている人は、もうあまり存在しないでしょう。先ほど姜さんがおっしゃった「ボタンの在り処がわからない」人々は、「政治的無感情（political apathy）」にとらわれます。この状態を「無力ゆえに無感情となったのである。無感情ゆえに無力になったのではない」とベンジャミン・バーバー[12]は指摘しました。それは、何をいってもどう行動しても世界は何も変わらないという、諦観《ていかん》というか、非常にニヒリスティックな感情です。

姜　おっしゃるとおりです。イラクでは戦闘状態が継続しているし、オーストラリアもアメリカに同調して「派兵」という重大な政治的選択をしてしまいました。日本でも今後、戦後史を塗りかえるような政治的決断が出てきそうな状況です（後に、自衛隊派遣は現実となった）。しかし、それらはほんとうに、みんなの意志によるものなのか。もしもそうでないとしたら、誰がこうした重大事を決定しているのか。

▼リーダー選びの手続きにおいてすら機能しなくなったデモクラシー——選挙に負けていた、史上最高支持率の大統領

テッサ　さらに付け加えれば、二〇世紀の後半から二一世紀にかけて、デモクラシーは、リーダー選びの手続きにおいてすら、正常に機能しなくなっています。

二〇〇〇年のアメリカ合州国大統領選挙は、五〇九九万九八九七票（投票総数の四八・四パーセント）を獲得したアル・ゴア[13]に、五〇四五万六〇〇二票（同四七・八パーセント）のジョージ・W・ブッシュが勝利するという異様な結果に終わりました。選挙人制度のいたずらと少なくともフロリダにおける開票結果のいかがわしさによって大統領職に就いたブッシュは、その後、イラクの大量破壊兵器の根絶と民主化、さらにテロからの防衛を名目として世界を戦争に駆り立て、二年半の後には史上最高の支持率を誇る大統領の一人となりました。

ブッシュの当選からおよそ一年後の二〇〇一年、オーストラリアでは右派政治家ジョン・ハワード[14]の連立政権が、事前の不利の下馬評をくつがえして連邦選挙に地すべり的勝利をおさめて政権の座にとどまりました。その勝利を決定づけたのは、国防相ピーター・リースらによる次のような悪質なキャンペーンによるものです。

イラクやアフガニスタンの難民が大量に押しよせつつある。しかも連中は、海軍の艦船が上陸阻止のために近づけば、自分たちの子供を海に投げ捨てると脅迫している。このように、オーストラリアの主権は野蛮な連中によって日々脅かされている。だから、難民受け入れを容認

する政治勢力には、決して票を投じてはならない——。
　選挙後、上院調査委員会によってそれらがまったくのデマであったことが暴露されたにもかかわらず、イラク侵略（およびアメリカとの同調）によるナショナリズムのうねりに乗じて、ジョン・ハワードはオーストラリア史上でもっとも支持率の高い首相の一人となりました。

▼イシュー（論争点）を発見することができない政党——アジェンダ（協議事項）設定の機能不全

姜　日本でも、ついこの間、二〇〇三年九月二〇日に行われた自民党の総裁選挙に向けて、高村正彦という候補者が、三つの公約を明言したんです。そのなかの一つは「経済成長」で、もう一つは「犯罪対策の強化」。彼の演説をテレビで聞きながら、「いいかげんに景気を上げてくれ」とか「犯罪者が多いからもっと安全にしてくれ」とか、いわゆる、政党によるアジェンダ（協議事項）設定の幅や、政治に対する有権者の期待値が、どんどん狭まっていると感じました。
　結局ね、代表される側の政治家や、それを選ぶ一般の有権者の双方が、まともなアジェンダ設定をほとんどやっていないんです。これにはメディアの責任もあるでしょう。たとえば、イラクに自衛隊を派遣すべきか派遣すべきじゃないかということが騒がれています。でも、これも問題の本質からずいぶんズレちゃっていますよね。

テッサ　考えなければいけないのは、イラクは今どういう状態なのか、こういう状態は何によって引き起こされたのか、このまま米軍が占領をつづけていればどうなってしまうのか、イラクの状態を少しでもよくするために、日本の立場で何ができるのか……。

姜　ええ。本来ならそうした議論を経てから、自衛隊の問題に行くべきなんですね。第一、自衛隊を派遣してもぜんぜん問題の解決にはならないし、事態はかえって悪化することは目に見えているでしょう。そんなことは、段階を追って議論すれば簡単に理解できる。それなのに、自衛隊を派遣しなければ約束違反になってしまうとか、公約違反だとか、世界から信頼を失うとか、テロに怯《ひる》むなとか――。

テッサ　第一、誰がそんな約束しました（笑）。

姜　誰でしょう（笑）。ジャーナリストたちも、今のテッサさんみたいな素朴な質問をしてくれればいいのに……。とにかく、メディアに問題発見能力がない、いわゆる世論が私たちの声を代表しない、アジェンダ設定がまともに機能しない。私たちの暮らしにとっていちばん大切な論点が見えてこない。

　僕は、政党の重要な役割の一つは、イシュー（論争点）を発見して、みんなに伝えることにあると思うんですね。政治家っていうのは、間接民主主義のなかでは、やっぱりエージェント（代理人）であるべきです。そして、人々にとっていちばん大切な論点を伝える義務がある。ところが、政治家の誰もそんなふうに思っていない。むしろ、既定路線を伝えないことが政党の事実上の決定事項になる場合さえある。

だから、イラクへの日本側の対応という、こんなにも重大な政治的イシューが二〇〇三年一一月九日の総選挙の際には争点にならず、終わった途端にものすごいイシューとして浮上してきて、みんなが呆然としている。いったいこれは何なのか——。

▼ボタンがない——孤立化する草の根の声

姜　日本では、第二次大戦終結後、しばらくは、民主主義と平和主義というのが一つの大きな社会的な理念でした。一人一人が民主主義的な努力を積み重ねていけば、必ず平和で理想的な社会が実現できるはずだと、多くの人が信じていたし、何かこう、今とは逆に、政治に対する非常に過剰な期待があったと思うんですね。

実際、七〇年代もしくは八〇年代の途中ぐらいまでは、民主的な声に対する見返りは、わずかながらも存在していたんです。たとえば、政府がいろいろな政策を決定する過程で、政党や世論を通して私たちの声をインプットすれば、何らかのアウトプットが期待できた。七〇年安保闘争以後は社会運動が低調になったとよくいわれていますが、じつは地域ごとの草の根運動は意外と盛んでした。

テッサ　そうでしたね。おそらく八〇年代、九〇年代の社会運動を一つ一つ見ていけば、おもしろい試みはたくさんあったと思います。でも、今となって振り返ると、当時の運動が実際の政治に影響を与えた形跡はほとんどない。何か、民主主義的なものと実際の政治の間に、ものすごいズレができあがってしまった。根本的な部分が壊れてると、いくらハンドルやギアを動かしても車は動かないでしょう。バブル崩壊後の日本経済もそんな感じですが、デモクラシーにも似たようなところがあります。どのボタンを押しても反応がないから、どのボタンも押さなくなってしまった。

姜　草の根レベルで努力している人たちの声が、政党によるアジェンダ設定を通して公の場に伝えられる。あるいは世論を通じて、やはりアジェンダを公の場に載せるべく努力していく。その結果、実際の政策に多少の影響力を与えることができる。

　ところが、ボランティアの場などで活動しているようなデモクラシーを支えている人たちの声と、本来はそれをすくいとってくれるはずの政党の政策、あるいはいろんなメディアが垂れ流す情報や言説の間には、大きなギャップがあるんですね。最大野党の民主党は有事三法案[15]を支持し、世論調査によれば、依然として小泉内閣の支持率が六割をキープしていることになっている。しかし、それはほんとうに多くの国民を代表している声なのか……。

▼重要な議論を隠蔽している世論調査

テッサ　世論調査についていつも思うのですが、問題は、答えよりいつも質問のほうなのです。というのも、たとえば、有権者や調査対象者に「自衛隊派遣をすべきかどうか」という問いを投げかけた瞬間に、この件に関係した他の重要な議論はぜんぶ隠蔽《いんぺい》されてしまうでしょう。

姜　まったくおっしゃるとおりです。何かこう、特定の答えを出すために質問があらかじめ決められていて、イエスかノーでしか答えることができないようになっているんです。

デモクラシーの基本は、自分たちの暮らしにとって非常に重大な決定をしなければならない際に、その根本にある問題をきちんと議論するところにあるわけですよね。あるいは、自分たちの決定によって、誰かに多大な影響を与える場合もそうです。議論を通じて、より理性的な回答を引きだしていくことが重要です。でも、大新聞やマスメディアの質問内容は、重要な議論が脱け落ちているし、実際の政治の場でも、議論は、多数派を形成するためや、あらかじめ密室で決められた方針を正当化するためだけにある。

だからね、テッサさん。デモクラシーが無力であるということは、みんなはもう心のなかでは理解しているわけです。にもかかわらず、重大な政治的決定事項に際しては、依然として正当なタテマエの手続きを求める。そうすると、これはもう擬似民主主義としかいいようのない事態なんですよ。

民主主義がフィクションであることは誰もが知っているから、無力感や徒労感のようなものが蔓延してしまう。今だってその気になれば、一人一人の有権者の一票で政治を変えることができる可能性もあるのだけれど、そのわずかなアクションを起こす気力も起こらない。そして、自分とは無関係な「民主主義的な」世論が存在するかのように錯覚させられて、自分とは無関係に政治は動いていってしまう。

▼マニフェストと二大政党制——有権者は消費者、小冊子は通販

姜 じつは最近、気になっているのが、この一〇年くらいで、メディアが有権者を消費者に置き換えて報道するようになったことです。よく使われる喩《たと》えによれば、政治家は供給者で、有権者は消費者ということになります。そして、投票行動はマーケットにおける商品選びにあたる。

テッサ 姜さんがおっしゃるとおりです。それは社会全体、たとえば、社会福祉や教育を提供する場などでも同様でしょう。今や大学当局にとっては、学生たちはみんな消費者なのです。もちろん、授業料を納めて教育を買うという認識の仕方は、必ずしも間違いではありません。しかし、それでは、教育というものに付随するさまざまな付加価値が、そっくり脱け落ちてしまいます。先ほど、demosという言葉を皮切りに、デモクラシーの担い手をどうとらえるべきかという話をしたばかりですが、今は、市民じゃなくて消費者なのです。

それに関連して、ついこの間の二〇〇三年一一月九日の日本の総選挙のことを思い出します。マニフェストという言葉が異常に取りざたされたのを覚えていらっしゃいますか。

姜 ええ、ありましたね。最大野党の民主党が、与党自民党が古いしがらみを引き摺っている政党であることを強調しつつ、自分たちが近代化された政党であることをイメージ付けるために、マニフェスト論争を打ちだしたんですね。

テッサ　イラク問題もそっちのけで、どこでもマニフェストの話になっていました。でも、もともとmanifestoって、マルクス[16]／エンゲルス[17]の『共産党宣言』のようなものを意味する言葉でした。

姜　そうですね。

テッサ　つまり、マニフェストはものすごくイデオロギー的だし、これからどういう社会をつくるべきかという、ある意味非常に戦闘的なニュアンスが強い言葉です。でも、民主党や公明党が出したマニフェストは、そういうものではなかったでしょう。つまり、有権者（＝消費者）に、どう訴えかけるかという、まるで、政党のセールスポイントのメニューのようなものでした。

姜　だから、各党が作成したマニフェストの小冊子は、いってみれば通販のカタログみたいなものなんです。

でも、総選挙に関して、非常に興味深かったのは、有権者たちが、政党と自分たちとの距離が離れていっていることに気づいているにもかかわらず、いつの間にか二大政党制がもっとも理想的な政治形態だというふうに、思い込まされちゃった点ですね。結果、自民党が公明党との連立で過半数を確保し、民主党も大きく躍進しました。

とりあえず、多くのメディアがお膳立てしたとおり、二大政党制に近い形が確立したわけですが、その直後、ラジオを聴いていたとき、誰かが「これで日本は、民主主義的になった」と発言しているのを耳にして、タクシーのなかで一人、卒倒しそうになりました（笑）。

▼無党派層——代表されていない人々の増大

テッサ　ところが、事態はまったく逆で、二大政党制に近づいた結果、代表されていない人たちの数は、ますます増えてしまったのではないでしょうか。

姜　そのとおりです。ご存じのように、一九九三年、金権体質への批判の高まりの結果、自民党は、党内抗争や分裂を経て、四五年ぶりに野党に転落しました。政治改革への期待が非常に高い時期で、成立したばかりの非自民・非共産の八党派による連立政権[18]下で、選挙制度の大幅変更が早くも検討されはじめ、九四年には、現在の小選挙区・比例代表並立制[19]が導入されたわけです。

しかし、それをきっかけに、潜在的な無党派層はかえって増えてしまいました。そして、彼らは代表されてないから当然無力だし、社会を変えるチャンスもない。

テッサ　選挙制度の変化と、そういう人たちの無力感は、どこかでつながっていますね。

姜　まったくです。世論の六割か七割が、イラクへの派兵に反対というニュースがありました。じゃあ、それで日本の外交方針を変えられるかといったら、ぜんぜん無理。見事に変わらない。

テッサ　オーストラリアでも、なぜ、最大野党の労働党は、あれほど多くの戦争反対の声を汲みとって全面的に与党と対決しないのか。日本でも、どうして民主党はそれをやらないのか。

姜　日本の場合、アメリカと一度公約してしまったら、それはもう撤回できないんですね。話が根本的にご破算にできないから、いつ自衛隊を派遣するべきかというタイミングだけの議論になってしまう。あるいは、行くのは航空自衛隊にするべきか陸上自衛隊にするべきかという、そういう小手先の議論しかできないんですね。

ただ、日米関係ほど極端ではないにせよ、多くの国もまた、自国の上位に立つグローバルな権力によって方針付けられた政策には、真っ向から歯向かうことができなくなっているのではないですか。

テッサ　オーストラリア労働党も、戦争反対を明言してしまえば、国内で票を集めることはできても、政権与党になったときに国際的な対応が難しくなると考えているのでしょう。それよりは、与党との微妙な違いを強調するだけのほうが賢いのですね。選挙の際、他の政党が戦争反対を明言しないかぎり、自ら進んで墓穴を掘ることはない。だから、労働党は、あえて戦争反対という根本的な議論を避けたわけです。

そういう意味では、どんな政党が政権を握ろうが、今の仕組みのなかでは政府には大きなことをする体力はほとんどない。構造上、ごくごく微妙なことしかできないことになっています。

姜　それでは、こうした事態が進んでいった場合どうなるのか。僕はやっぱり、ますます投票に行かない人が増えるんじゃないかと思っています。一時期、森喜朗元首相[20]が、「選挙の際、選挙民はできるだけ寝ていてくれ」と発言しましたが、いわれなくても時代はそういう方向へとますます進んでいますし、このことは特殊日本的な現象ではないと思っています。

▼自由が勝利した瞬間、自由な選択肢が消失した――マーガレット・サッチャーのあだ名「TINA」

テッサ　ここで思い出すのが、一九七九年にイギリスの首相に就任したマーガレット・サッチャー[21]のあだ名です。

姜　「鉄の女」ではなく？

テッサ　もう一つ、「TINA」というあだ名がありました。

姜　ああ、そういうのがありましたね。

テッサ　そのあだ名の由来は、彼女がいつも口にしていた"There Is No Alternative."すなわち「選択の余地はない」という台詞でした。国際的なルールに従わない国は世界の市場から締めだされ、国際通貨基金（IMF）や世界銀行等の国際機関から懲罰を受けることになる、ということを暗にほのめかした台詞です。時代は下り、西（自由主義経済圏）が東（共産主義経済圏、および社会主義経済圏）に勝利を収めて以降、九〇年代になるとサッチャーのあだ名が指し示すように、世界には選択肢がなくなってしまいました。

姜　テッサさん、それはある種、イデオロギーの終焉《しゅうえん》の時代といってもいいんでしょうか。

テッサ　イデオロギーの終焉というよりは、新たなイデオロギーの誕生です。私は、新自由主義自体、一つのイデオロギーであり、一つの原理主義だと思っています。このネオ・リベラリズムについては、後ほどじっくりと議論するつもりです。

姜　僕は、政治とか貿易に関する国同士の取り決めやルール作り等は、どんなに市場原理が代替しようと試みてもできない領域だと思います。だから、公的なものが市場経済によって徹底的に破壊された場合、非常にグロテスクな反応が起こると思っています。

テッサ　いってみれば、ファシズム。

姜　そうですね。公的な領域が市場に侵食されていくなかで、いちばん手っ取り早くて安直な対応策は、やっぱりナショナリズムを立ち上げることでしょう。サッチャーやレーガン[22]の新自由主義が、マイノリティへの差別をともなったことは、象徴的ですよ。

▼先進デモクラシー国家に浸透する寡頭制（オリガーキー）

テッサ　ここで私たちは、どうしてそうなってしまったのかを考えなければなりません。人々からデモクラシーのボタンを奪い、「政治的無感情」に追い込んだ者の正体は、いったい何なのか――。

姜　テッサさんはどのようにお考えですか。

テッサ　非常に難しい問いですが、まずはグローバリゼーション[23]の進展にともなって、フランス革命[24]前後に成立した国民国家の役割が変わってきてしまったことがあげられるでしょう。国民国家の力が必ずしも弱体化したとは思わないのですが、一国の政府だけで判断できることの幅は確実に狭まってきました。つまり、人々が選んだ代表者にも決定できない事柄が増大した。

次に、それに関連しますが、イラク戦争を計画しその実行を最終的に決断したのが、唯一の超大国であるアメリカだったということも大きいでしょう。ある程度までは、イギリスやオーストラリア政府と交渉したうえでやったのですが、やっぱり最終的にはアメリカの単独主義的な行動だった。オーストラリアの総選挙で、ハワードではなく、イラク侵略に反対する野党に投票したところで、事態はほとんど変わらないでしょう。

さらに、アメリカ以外の政府は、経済政策に対しても無力です。現在の状況では、オーストラリアや日本でどんな政党に投票しても、一九九五年に設立されたＷＴＯ（世界貿易機関）の権力に対して、ほとんど影響力を行使できません。

姜　それぞれの国の与党であっても野党であっても、結局は、今のグローバルな権力を変えられないということですよね。そして、自分たちの努力が政治的に結実することはないのだから、何をやっても無駄ではないかという意識が浸透する。そして、「選択肢はないけど政治的な安定はつくられている」という根拠のない思い込みが蔓延する。僕はこれ、ある種の擬似全体主義じゃないかと思うんですよ。英語ではどういえばいいのかな——quasi-totalitarianism ？

テッサ　そうですね。

姜　いろいろ問題の多い本ではあるけれど、エマニュエル・トッド(25)は『帝国以後』のなかで、ほとんどの先進デモクラシー国家で、逆に、少数の集団が政治権力を掌握するような寡頭制《かとうせい》(オリガーキー)が進んでいることを指摘しています。フランス、ドイツ、それからアメリカなんかはまさにそう。逆に、今まで社会主義とか独裁制になっていた国のなかで、かえって民主化が進んでいる。

日本の場合、第二次大戦後から七〇年代くらいまでは、社会は平等をめざすべきだという共通認識が当たり前のようにあったと思うんですね。ところが今では、デモクラシーや平等こそが日本をダメにしたA級戦犯だということになってしまった。戦後日本は擬似的な社会主義国家であり、みんなが平等になるようにやってきた。だから、こんなに官僚制支配が進展してどん詰まりの状態になったのだ、という具合に。

そして、格差があって当然だけど今の生活は維持したいという矛盾した感覚が広がるなかで、徐々に寡頭制に対する警戒感が麻痺してきたわけです。

今の権力というのは、やっぱり、寡頭制のグローバルなシステムの上にできあがってますよね。ちなみに、アントニオ・ネグリ[26]やマイケル・ハート[27]は大著『帝国』[28]のなかで、これに対抗する力として、国民という均質性からはみだした多元的な人々(マルティチュード[29])のあり方や連帯に可能性を見出しています。でも、これまでの国家には、非常に抑圧的な面もあったけど、どこかに不平等が生じたら、可能な限り所得を再配分して国民の均質性のようなものを維持しようという動きはあったと思うんです。もちろん、それが民族的マイノリティなどに対しては差別や排除になったわけですが、少なくとも、「日本国民」のなかには格差はないというイデオロギーはあったし、それなりに納得できるような再配分の仕組みも存在しました。

▼市場の社会的深化——刑務所と警備に関連する事業の、世界的な複合ネットワークの誕生（ワッケンハット社のケース）

テッサ　政治的無関心と二大政党制による政治の無意味化とは、明らかに連結しているのではないでしょうか。『帝国』で提示されたネグリ／ハート理論の中心的柱の一つは、私が「市場の社会的深化」と呼ぶものです。

オーストラリアの場合、寡頭制——すなわちグローバルな権力構造の影をはっきり感じたのは、やはり、一九九六年にハワード政権が成立したころですね。話を非常に単純化すると、九〇年代に入って、南北朝鮮を除く地域では冷戦がほぼ終結しました。そして、西が東に勝ったとき、企業経済（コーポレート・エコノミー）の貪欲な蓄積への意志を抑制する壁が、壊されてしまったのですね。そこで、顕在化した事態が「市場の社会的深化」です。

姜　そのことを、『世界』で連載される『自由を耐え忍ぶ』（二〇〇四年一月〜八月）で書こうとしていらっしゃるのですね。

テッサ　ええ。グローバリゼーションという言葉で企業経済の広がりを説明してもいいのですが、それでは、マクドナルドに象徴されるように、世界の隅々にまで市場が行き渡るという空問的イメージだけが強調されてしまいます。問題はむしろ、企業の投資対象が世界の辺境にむかって広がっていることだけではなく、「余暇」とか「精神と肉体の健康管理」とか「教育」とか「国家安全保障」といった、これまでの商品経済の範疇《はんちゅう》になかった領域を市場が侵食しはじめた部分なのです。

姜　日本国総理小泉純一郎が、郵政大臣時代から主張しつづけている郵政三事業(30)の民営化も、その流れの一環ですね。従来は国家が請け負っていた領域を、企業による事業の対象とする動きが、どんどん進行しています。

テッサ　たとえば、アメリカの多国籍企業・ワッケンハット社の存在は、市場の社会的深化の問題を考える好例です。

一九五四年、ＦＢＩの捜査官だったワッケンハットによって設立されたこの会社は、当初から探偵業や警備業を手がけ、ＦＢＩ（アメリカ連邦捜査局）やＣＩＡ（アメリカ中央情報局）の元職員をたくさん雇っていました。ワッケンハット社は、六〇年代には、「破壊分子」への対策として、二五〇万人を超えるアメリカ市民の個人情報を極秘に集積し、核兵器基地などの機密施設における警備技術を提供しながら、ラテンアメリカやヨーロッパへと進出します。

八〇年代に入ると、グローバリゼーションによって金融と投資の流れが加速化すると同時に、世界の先進経済諸国では公共事業の民営化がさかんに導入され、いわゆる外部委託（アウトソーシング）政策が次々に行われました。この流れを『フォーチュン』誌は「外部委託産業の多様化」と呼んだのですが、ワッケンハット社はこの分野におけるスター企業として注目されました。

第四〇代アメリカ大統領になったレーガンは、一九八四年、いよいよ刑務所や「不法」移民収容施設の民営化に着手します。

ワッケンハット社はこの流れに乗り、拡張をつづけます。二一世紀初頭には、アメリカ、プエルトリコ、カナダ、オーストラリア、ニュージーランド、南アフリカ、イギリスなどの地域で約五〇におよぶ刑務所や収容施設、および三万人の収監者を管理する会社となりました。

二〇〇〇年の段階で、アメリカ国外に四万一〇〇〇人を超える社員を擁するまでに成長したワッケンハット社は、「アメリカを拠点としたグローバルな統合問題解決型企業」と自らを位置づけます。事業内容も、電子セキュリティ、集中管理警備システム、警備訓練・教育、防火、防災、人材派遣、二〇ヶ国以上の大使館の警備と、さらなる広がりを見せています。

そして二〇〇二年には、急成長部門である刑務・警備業務の世界的な再編によって、ヨーロッパに拠点をおく「グループ4・フラック・グローバル・ソリューション（G4F）社」と合併しました。刑務所と警備に関連する事業の、世界的な複合ネットワークの誕生です。

▼しばし休憩——昼寝の間に、論点を整理しましょう！

姜　ワッケンハット社の五〇年間の歴史をたどっていくと、世界経済構造の根本的な変質と、デモクラシーの空洞化の密接な関係が、非常に典型的な形で浮き彫りになるんですね。なるほど、たいへん興味深い……。

それでね、テッサさん。ちょっと思ったのですが、このあたりで一つ、第二次世界大戦後の経済構造の変遷について、われわれ二人で、講義ふうにたどっていったほうがいいかもしれません。特に「市場の社会的深化」が顕著になったのが九〇年代からだとしても、それ以前に何が起こっていたのかを概観することは、今後の議論にとっても有益なはずです。

テッサ　そうですね——わかりました。フォーディズム（五四頁参照）からポスト・フォーディズムへの転換を理解しないと、次の議論に進めません。難しいですが、何とかやってみましょう。とても大切なことですから、うまく説明できるかどうか自信はありません。

姜　是非とも、お願いします。僕のほうでも、今、テッサさんと話しているうちに、これから討議すべき重要なイシューがいくつか見つかりましたし——。

テッサ　それは楽しみです。では、それもアジェンダに載せて、徹底的にやりましょう！

姜　……ただ、その前に、飛行機のなかでぜんぜん眠れなかったので、ちょっと仮眠を取らせていただいてもよろしいですか（ベンチから立ち上がりかけて、一瞬よろける）。

テッサ　あらあら、たいへん！　姜さん、目の下にくっきりと隈が浮かんでいますよ。目の下の隈の三大要因は、色素沈着、血行不良、たるみです。簡単にいえば、疲労ですね。もちろん、ゆっくり休んでください。この島にやってきたのも、仕事から離れてリラックスするためなんですから。

(担当編集者O、テープ・レコーダーを止め、沈痛な面持ちでうなずく。)

それでは、姜さん。夕方にまたお会いしましょう。それまで、私はOさんとシュノーケリングでもしています。戻ってきたら、また、楽しいおしゃべりを続けましょうね!

姜　……ってことは、夕方、もう一回やるのね(絶句)。

しばし一服……　Kang Sang-jung

第二章　グローバル権力の誕生小史・第二次大戦後五〇年

――国家と企業の癒着、民営化

（二〇〇三年一二月六日夕方　ハミルトン島　コテージのリビングにて）

▼南太平洋の夕闇のなかで、対談再開！

姜　こんな広いリビングでくつろげるなんて、めったにないですね。窓の外の夕焼けも素晴らしい……。テッサさん、ほんとうにいろいろとありがとうございます。

テッサ　いいーえ！　（天使のような笑みを浮かべ）姜さんは、よくお休みになれましたか？　海のなかはとっても気持ちよかったですよ。魚もいっぱいいましたし、明日は是非ともシュノーケリングをご一緒しましょう。Oさんも、午後はずっと、海面にぷかぷかと浮かんでいたのです。なんでも、自分が水死体になっているところを想像すると、とても神秘的な気持ちになれるのだそうです。ある作家と沖縄に行ったときに、ふたりで「水死体倶楽部」を結成して、それ以来、病みつきになったんだとか（笑）。

姜　（小声で）……なんて悪趣味な。

(真っ黒に日焼けした担当編集者O、キッチンから登場。コーヒーを三つ盆にのせて運んでくると、おもむろにテープ・レコーダーをセットしはじめる。)

姜 ……勤勉だねぇ。

テッサ ほんとうに、偉いですよねぇ。

姜 いや、そういう意味じゃなくて……。

テッサ じゃあ、テープも回っていることだし、そろそろ始めましょうか。第二次大戦後の経済構造の変遷についてでしたね。

姜 えっ。

テッサ その前にちょっと振り返っておきたいのですが、ご存じのように、二〇世紀の初頭、一九〇八年のアメリカで、自動車製造業者フォードが大衆車の大量生産とその発売に成功しました。このT型フォードの生産工程を支えたのがいわゆるフォード・システムで、その特徴は、部品の標準化、作業工程の分業化・機械化の徹底、そしてベルト・コンベヤ・システムの導入など、その後の大量生産方式を基礎づけるものでした。いわば、チャップリン(1)の『モダン・タイムス』に出てくるような、大規模工場の誕生です。この時期には、流れ作業の一部に組み込まれた労働者たちの人間性の消失というイメージが、映画や文学作品などにさまざまな形で現れ、それが、マルクス主義の理論や社会運動のリアリティを強化していった——。

姜 ……ほんとに始まってしまった。

でも有名です。

▼新分業体制と情報革命

テッサ　しかし、フォード・モーター社といえば、フォーディズムと呼ばれた企業理念の存在でも有名です。

T型フォードの生産システムは、分業化・機械化が鍵です。そうした大量生産のためには、すべてを一ヶ所に集中させる大規模工場を必要とします。そこではフレドリック・テイラー(2)の理論による効率化が導入されました。たとえば、一本のボルトを締めるには、労働者は均一に二〇秒かけなければならない、といった統一が行われたのです。それによって、ベルト・コンベヤは円滑に流れる。これが『モダン・タイムス』で描写されたものでした。すると、単純作業を反復する大量の労働者たちが大規模工場に集合しました。すなわち、労働組合形成の基盤も成立する。

労働者たちが新たに獲得した力に対応する必要が、資本側にも生じました。簡単にいえば、資本側の対応は、労働者に対するアメとムチの使い分けです。こうして時間の経過とともに、コーポラティズム、いわゆる労資協調路線が定着していくのです。

そして、このフォーディズムをひとつの労資間モデルとして、先進経済国の多くの企業で、労働者たちが組合活動を通じて、賃上げ等の待遇改善を実現させていきました。

第二次大戦後の一九五〇年代から六〇年代にかけて、世界の先進経済国では、高度経済成長期に入ると、労働組合の活発な運動の成果もあって、労働条件はますます向上しました。同時に、公害のような環境問題が次々に表面化してきます。

そこで、一九六〇年代の後半ごろから、多くの企業が海外に進出しはじめます。というのも、端的に、発展途上国に工場をつくれば、低賃金の現地労働力を雇用できるから、人件費を飛躍的におさえることができる。おまけに環境問題の規制も厳しくない。当時、産業構造の空洞化などと呼ばれましたね。いわゆる、グローバリゼーション時代の幕開けでした。

ちなみに、第三世界(3)に廉価な労働力をもとめ、現地に工場を置くような生産体制のことを、New Division of Laborといっていました。えーと、日本語では、何といいましたか……。

姜　新分業体制。

テッサ　そうそう、新分業体制。その結果、一つの商品の各パーツをつくる工場が世界中に散らばっていくことになり、同じ会社内でも、労働者同士で国籍も職場も拡散した状況が生まれました。さらに、一九七〇年代半ばに、さらに新しい産業構造が成立します。

姜　情報革命(4)ですね。

テッサ　そのとおり。そうなると、大工場による商品の生産という形をとらなくても、もっと小さな規模の企業が、情報のもつ価値次第で巨額の利益を得ることが可能になりました。つまり、新分業体制の成立と情報革命の結果、世界的な傾向として、労働組合がどんどん弱体化していったのですね。

▼一九六〇年代後半以後、ポスト・フォーディズムへの移行期――国籍も職場も違う労働者たちと、組合運動の世界的な衰弱

姜　今、テッサさんが、いくつかの重要な指摘をしてくれました。一つは、一九六〇年代後半以降の、産業構造の劇的な変化です。いわば、先進経済各国の企業が新分業体制を取り入れていった一九六〇年代後半以後を、ポスト・フォーディズムへの移行期ととらえることができるでしょう。

テッサ　そうです。

姜　それから二つ目は、情報革命。これは、『イデオロギーの終焉』の作者として有名な、アメリカの社会学者ダニエル・ベル[5]が、脱工業社会（post-industrial society）ととらえた事態と重なります。『脱工業社会の到来』の英米圏の刊行は、たしか一九七三年ごろで、日本語訳は一九七五年ごろでしたか……。

その本のなかで、ダニエル・ベルは、今日のように科学技術が高度に発達した社会では、大工場で生産されるようなモノ中心の社会から、サービス業や商業、教育などの、知的生産物が経済領域の中心になってくると論じています。

テッサ　日本でも、増田米二[6]のような論者が、六〇年代末から、そういう情報社会の統計的な研究を始めました。

姜　そうですね。七〇年代でいえば、未来主義のような流れもありました。たとえば、代表的な学者であったアルビン・トフラー(7)は、それよりちょっと後の八〇年に刊行された『第三の波』で、生産と消費の混在した手仕事の時代（第一の波）が、産業革命の結果、生産と消費の非人間的分離の時代（第二の波）に変わり、それが、情報化・電子化等のテクノロジーの発達によってふたたび生産と消費が融合される人間回復の時代（第三の波）になる、という輝かしい未来の物語を提示しました。

未来主義には、近代や科学に対する非常に楽観的な信頼感が温存されていましたが、情報化に力点をおいた理論が、このポスト・フォーディズムへの移行期に隆盛したのは、非常に象徴的です。堺屋太一(8)なんかも、一九八五年に、『知価革命――工業社会が終わる　知価社会が始まる』という本を出しています。「知識や情報の保有者が、経済的勝利をおさめる」というイメージは、やはり同様の時代認識に連なるものでしょう。

それから、山之内靖(9)さんたちが最近訳した、マイケル・J・ピオリ(10)とチャールズ・F・セーブル(11)の『第二の産業分水嶺』のことも思いだします。ものすごく簡略化すると、この本のテーマは、大量生産システムをいかに乗り越えるかというもので、これからは、小規模に分散したネットワーク型企業にこそ可能性があって、なるべく多品種小量生産でいくのがいいと提言しています。生産におけるフレキシビリティ（柔軟性）とかいっていたかな。今、トヨタなんかは、まさにそれを実現しているわけですよね。在庫を少なくして、注文に応じてパーツを生産ラインに供給していく。
しかし、それは、世界的な規模での新分業体制ができあがっていたからこそ、可能になった面もあるわけでしょう。たとえば、ミラノのファッション産業でも、ブランド商品の裁縫を実際に行っているのは、香港やニューヨークの低賃金工場です。

テッサ　ええ、すなわちポスト・フォーディズムでは、組合運動が非常に困難となる。

姜　新分業体制を支えているのは、世界各地の低賃金工場同士を結びつけている、情報網の発達なんですね。でも、そういう職場環境では、同じ企業やグループだからといって、労働者同士が単純に連帯することが難しくなってくる。ミラノの高級ブランド店の店員と香港の縫製工場の社員は、お互いまったく関係ない。賃金体系も変わってくるし……。

僕はやっぱり、工場と企業のなかでデモクラシーが達成されてないことが、いちばんの大きな問題だと思うんです。ある経済評論家がいっていました。「門をくぐると、都市は市民を自由にする」という言葉があるけど、「門をくぐると、企業は社員を不自由にする」と（笑）。

（担当編集者O、傍らでクッキーを頬張りながら、真剣な表情でうなずく。）

▼福祉国家構想の世界的な終焉

テッサ　ちょっと時代が前後します。第二次大戦中の一九四二年に、イギリスではベバリッジ報告[12]が出されました。対ドイツとの総力戦を闘うための指針です。しかし、総力戦を闘い抜く

ために は、国民の統合・結合が絶対の条件となります。そこで発明されたのが、「福祉国家(welfare state)」という言葉でした。

この福祉国家の構想は、第二次世界大戦が終結すると、五〇年代から六〇年代の高度経済成長を通じて、理想的な国家理念として広く知られるようになり、いわゆる先進国で定着していきます。しかし、ここは重要です。少なくとも、一九六〇年ごろまでの先進国の福祉国家構想によって、国内の貧困層の底上げは可能になったのですが、それは同時に、植民地各地からのより厳しい収奪をともなったものだったのです。

六〇年代になると、多くの先進国は植民地を失います。一方、福祉国家内部では、国民の多様なニーズにこたえるべく、国家機能があらゆる領域にまで浸透していった結果、行政部門の極端な肥大化が起こりました。それにともなう財政の悪化や政治腐敗が徐々に生みだされるようになっていく。他方で、新分業体制や情報革命の結果、六〇年代の後半から産業構造の根幹が変質しはじめていたことは、先ほど指摘したとおりです。

そんななか、マーガレット・サッチャーがイギリスの首相となりました。サッチャーリズムと呼ばれた彼女が打ちだした政策は、規制緩和、福祉や教育の切り捨て、国家機能の一部民営化、移民の制限等々、さまざまなものでした。

姜 明確な福祉国家構想の否定ですね。七〇年代の末、サッチャー就任当時のイギリスを訪れたことがあるのですが、経済的にはほんとうに最悪で、毎日のようにストライキや労働争議が繰り返されるような状況でした。

テッサ　ええ、ほんとうにそうでした。少し遅れて、アメリカでは元ハリウッド俳優のレーガンが大統領に就任し、それまでも貧弱だった福祉の切り捨てと、それにグローバル化がもたらした構造的不況の改革に乗りだすのですね。八一年一月の大統領就任演説で打ちだされたレーガノミックス——歳出抑制、大幅減税、規制緩和、安定的な金融政策、プロ・パテント（知財重視）政策は、そもそも福祉国家の構想を根底からくつがえすものでした。

姜　そうですね。

テッサ　これら福祉国家構想の否定の動きに対しては、労働組合からも反対の声が出ましたし、実際に運動も組織されたりしたのですが、労働運動自身の形が古かったせいでうまく対応できなかった。労働運動にもグローバリゼーションの影響が現れます。フォーディズムの終焉が起こった。いわゆる新国際分業（New International Division of Labor）の誕生です。

それまでデトロイトの大規模工場で生産されていた自動車の極端な例をとりましょう。部品はどこで生産されても構いません。もっとも経済効率が高い国の小さな工場で生産させます。たとえば、タイやマレーシアやインドネシアで生産されたパーツが、台湾の工場で組み立てられる。それが世界中で販売され、以下は冗談ですが、ジンバブエに住むイタリア人がドライブして事故を起こし、ロンドンの保険会社が処理をする（笑）、といった具合です。

大規模工場での集中した生産ではなくなるわけです。それゆえ、労働者間の団結は困難となる。逆に、サッチャーとかレーガンとか、むしろ政治の側がその経済的変化をうまく利用して、新しいイデオロギーをつくりだすことに成功します。これが、一般に、経済学者フリードリッヒ・A・v・ハイエク(13)が生みの親とされている、ネオ・リベラリズム（新自由主義）でした。

▼ネオ・リベラリズム（新自由主義）は原理主義——自由市場は神様です

姜　結局、自由競争なんだから勝者と敗者がいるのは当たり前で、そこで負けるのは努力をしてないからだという人がよくいます。でも、実態は違うのではないでしょうか。だからね、テッサさん、このあたりで一度、人々に大きな影響を与えているネオ・リベラリズムのイデオロギーが一体どういうものかを整理しておく必要があるかもしれませんね。

テッサ　そうですね。では、その新自由主義的な価値観が登場するまでのオーソドックスな経済史を、簡単にさらっておきましょう。

まず、二〇世紀に入ると、アダム・スミス(14)のような古典的な経済学を新展開させて、経済学を抽象化されたモデルとする動きがありました。そのなかには、たとえばレオン・ワルラス(15)、カール・メンガー(16)、ウィリアム・ジェヴォンズ(17)といった人たちによる、かなり複雑な数式を使った難解な経済モデルがありました。しかし、世界大恐慌(18)以後の一九三〇年代ごろから、そういう自由競争的モデルの問題点が明確になりました。そして、経済不況は長引き、そこからどう脱却するかということが議論の焦点になった。

そこで登場したのが、ケインズ[19]です。彼が主張したのは、自由市場は放っておいても自己調整できないから、国家が積極的に介入しなければならないという点でした。たとえば、経済成長率が低くなって失業率が高くなったときには、国家が福祉など公共事業の幅を広げて、景気を活性化する必要がある。きわめて単純化していえば、つまり赤字国債をどんどん増発して、景気を刺激せよ、ということです。ケインジアンでもない日本政府が、現在やっていることと相似します（笑）。

一九三三年以後、アメリカのF・D・ルーズベルト[20]大統領が採用したニューディール政策[21]の類を理論化したのが、ケインズでした。政府は、金本位制を廃止して管理通貨制の導入を図るなど、自由市場にどんどん関与していきました。ケインズ主義が、その後しばらく、先進経済国のオーソドックスな経済政策になっていきます。

しかし、先ほどお話ししたような、新分業体制や情報革命といった大きな経済構造の変革期にいたって、従来のケインズ主義的な経済政策がうまく機能しなくなってきました。そこで、それに対する反発として登場したのが、七〇年代末のネオ・リベラリズムです。

その主張を、思いっきり乱暴に、一言でいい切ってしまうと、「自由市場のモデルに帰れ」ということなのですね。国家が介入すると、短期的には経済は好転するが、長期的にはいろいろと問題が生じてしまう。だから、なるべく行政は小規模のほうがいい。従って、政府機能の一部は民間に任せればいいという主張が生じたわけです。

姜　テッサさんは、このネオ・リベラリズムも、一つの原理主義だとおっしゃっていましたね。

テッサ　ええ、というのも、グローバル化にともなった経済基盤の根本的なところで巨大な変化が起きているにもかかわらず、ネオ・リベラリズムは、ひどく単純で伝統的な経済モデルですべての説明を試みます。だからこそ、恐ろしいことに、イデオロギーとしてはものすごく力持ちなのです。

これはイスラムの原理主義(22)に対して失礼かもしれないですが（笑）、いってみれば、ネオ・リベラリズムの原理主義なのです。すなわち、神様がすべてを決定する。で、その神様の名は――自由市場。

▼個人と国家、あるいは個人と企業をつなぐ中間項の消失

姜　あの当時、ネオ・ヴィクトリアンという言葉がさかんに使われたことを覚えていらっしゃいますか。

テッサ　ええ、ありましたね。

姜　まだ未婚の女性をどうするかとか、家族内での性モラルをどうするかとか、犯罪をどうするかとか、それまで大きな政治的イシューにはならなかったことを、サッチャーは公の場で繰り返していました。つまりは、あの偉大なるヴィクトリア朝時代のピューリタン的な社会規範を、これからは再評価しなければならない、という具合に。

テッサ　ネオ・リベラリズム以前の時代には、家族にかかわる争点は、社会問題として解釈されていたでしょう。たとえば、少子化に対応するために、新しい福祉制度をつくるとか、子育てのための新しい援助をするとか。けれども、サッチャーは、そういう事柄を、個人のモラルの問題として語ったのです。一人一人が倫理的に行動すべきである、と。

姜　そこで思いだすのが、先ほどのダニエル・ベルが、一九七六、七年に刊行した『資本主義の文化的矛盾』のことです。

テッサ　ええ、ええ。

姜　本書におけるダニエル・ベルの主張はこういうものでした。近代社会のなかに存在していた質素・倹約・勤勉といった価値が廃れて、ポスト・モダンのような享楽的で刹那的な価値観が跋扈《ばっこ》してくると、文化的頽廃《たいはい》が進行して、アメリカは衰退する、と。

テッサ　とにかく、この時期、個人のモラルや内面の頽廃という言説が、あちこちに浮上してきました。

姜　今のブッシュ政権も、キリスト教原理主義[23]との癒着が再三取りざたされていますが、レーガンのときにも、キリスト教右派勢力の影響力が、注目されていました。

テッサ　それは、「モラル・マジョリティ（道徳的多数派）」といいました。

姜　ええ、福音主義的な宗教団体で、布教のためにメディア媒体をさかんに活用していました。当時、サッチャーとともに、ネオ・リベラリズムを主導したアメリカ大統領が、ある種のモラル革命的なメッセージに共鳴していた。そういう点でも、やはり、ネオ・リベラリズムには原理主義的な側面があったと思うんですよ。

でも、本来、デモクラシーは、たとえそれが純粋に個人的な問題であっても、社会的文脈のなかでみんなで考えていくという暗黙の前提があったと思うんですよ。

テッサ 結局、労働組合や階級、あるいは地域的、宗教的なものでもいいのですが、コミュニティが消滅した。個人と国家の中間に存在していた媒介項が、無くなってしまったのですね。あるいは、個人と企業との関係でも同様です。その意味では、なぜネオ・リベラリズムとネオ・ファシズムがうまく結合するのかが理解できます。

姜 歴史的にいうと、たとえば、トクヴィル[24]とかモンテスキュー[25]のような、比較的保守的なリベラリスト[26]たちも、貴族制的な中間集団が生きてる社会は健全だと主張しています。個人がむきだしの形で国家や企業と対峙させられてしまう事態に立ってみると、非常に示唆的です。

▼戦後日本のネオ・コーポラティズム——経済総動員体制下における労働運動の限界

姜 このあたりで、テッサさんと議論してきた経済構造の変遷を念頭におきながら、戦後日本で、とくに七〇年代後半以降に、デモクラシーが政治の場で機能しなかった理由について考えてみたいと思います。僕はこれ、ネオ・コーポラティズム（neo-corporatism）の問題だと考えています——。

テッサ　……あ、あの、姜さん、ちょっといいですか。Oさんがさっきから、なんだか頭を抱えて目を白黒させながら、ぜーぜー喘《あえ》いでます。そういえば、シュノーケリングに行ったとき、ターミノロジー（専門用語）は苦手だとつぶやいていました。たぶん、コーポラティズムの意味について、若干補足しておいたほうがいいかもしれません。

姜　ああ、そうですね。では……、日本でいえば、太平洋戦争中の大政翼賛会(27)のことをイメージしてください。挙国一致して国難に立ち向かう。要するに、国が企業の代表者や労働組合の代表者たちと相談をしながら政策を決定していくような体制のことです。

戦後、多くの先進経済国家も同様だけど、とくに日本においては、政府と企業と労働者間の協調関係は強固に温存されてしまいます。これは、いってみれば、装いを新たにしたコーポラティズムとでもいうべき事態で、この国・資本・労働の三者協議関係は、六〇年代の半ばまで、非常に強固だったわけですよ。

（O、うつろな目で、なんとかうなずく。）

というのも、敗戦後の混乱のなかで、日本は、迅速な復興をめざして、有望だと思われる部門には政府が積極的に金を貸しつけて、関連企業をバックアップしていったんですね（傾斜生産方式(28)）。加えて、主要な資材、資源、ヒューマンパワーも次々に投入していく。とくに、鉄とか重化学コンビナートなどのセクターには手厚い保護政策が取られた。しかも、そこで働く労働者たちが支持していたのが、社会民主主義的な政党（現在の社民党）だった。つまり、革新政党の基盤そのものが、ネオ・コーポラティズムに支えられていたわけです。

テッサ　五五年体制[29]も、その実態は、ネオ・コーポラティズムの上に乗っかっている政党政治だったということです。

姜　そのとおりです。結局、戦時中のコーポラティズムが戦争に向けた国民の総動員体制だったのに対して、ネオ・コーポラティズムは、経済成長に向けた国民の総動員体制だったと思うんです。そのために、国民教育を充実させて、国民の労働能力の基礎部分を底上げしていって、より優秀な労働力をつくりあげていく。さらに、そういう労働者たちが商品を購買するだけの余裕がもてるように、ある程度の生活水準を高めていく。いわば、ジョン・W・ダワー[30]が「スキャッパニーズ（SCAP　連合国最高司令官＋JAPANESE）・キャピタリズム」と名づけたシステムが、六〇年代の半ばまではうまく機能していたんですね。フォーディズム的な労資共栄のサイクルが、ガッチリ嵌《はま》ったというか――。

テッサ　姜さん、ターミノロジー！

姜　あっ……。えー、最後の部分は蛇足だからね……。O君、落ち着いて！（しばし中断の後、ゴホンと咳払いして）――しかし、六〇年代の後半以降になると、テッサさんが先ほど話してくださったように、新国際分業体制や情報革命等の経済構造の激変があって、七〇年代の末ごろには、このネオ・コーポラティズムがついに限界に達したわけです。このとき、労働の側から展望のある対応策がほとんど出てこなかったのも、何となくわかるんですね。彼ら彼女ら自身が、ネオ・コーポラティズムのシステムに肩まで浸かっていたわけですから。

一方、欧米では、サッチャーやレーガンに代表されるようなネオ・リベラル的な考え方が一気に出てきた。日本では、八〇年代の初頭、経団連[31]の会長で中曽根内閣[32]時代の臨時行政調査会[33]（臨調）会長・土光敏夫[34]が主導したいわゆる臨調路線が、福祉国家理念の崩壊への対応策にあたるでしょうね。この流れのなかで、旧国鉄[35]の分割民営化が推進されました。

テッサ　オーストラリアの場合も、イギリスやアメリカよりは遅れていたかもしれませんが、経済構造の変化そのものは、似たところがあったと思います。七〇年代末だと、フレイザー内閣[36]のころですね。その後の政策――いわゆる規制緩和や民営化など、グローバル化への対応策には、先進経済国がたどった道と通じるところがありました。

とにかく、今、姜さんにネオ・コーポラティズムという切り口で、戦後日本の経済構造の変遷をたどっていただきました。フォーディズム、新国際分業体制、情報革命、グローバリズム経済の到来といった流れを、もっと俯瞰《ふかん》した視座で眺めてみると、先進経済国やそれ以外の地域にも、似たような現象があったと思います。でも、色合いはちょっとずつ違っていた。

というのも、日本の場合は、比較的保守的な傾向性の強いネオ・コーポラティズムになってしまって、労働運動にはあまり自立性がなかったわけです。でも、同じような経済構造だったとしても、ドイツ、イギリス、フランスなんかでは、もう少し社会民主主義的な色合いは強いものとなりました。

姜　おっしゃるとおりです。日本の場合、企業内労働組合が運動の中心だったことも大きいでしょうね。それでも、他の国と同じように、一応、全国組織（ナショナル・センター）はあったわけですよ。具体的には、五〇年代から六〇年代にかけての総評[37]——「昔、陸軍、今、総評」と呼ばれていたころの総評の強さには、ものすごいものがありました。その総評の力を背景に、企業内の配置転換とか首切りとか、もろもろの問題について労働者がかなり要求をもつことが可能だったわけですよ。七〇年代くらいまでは、果敢にストライキを打っていたし。

テッサ　そうでしたね。

姜　でも、そうした社会運動も、いってみれば、フォーディズム的な労資共栄体制のなかに安全に組み込まれたデモクラシーだったんですね。だから、今から思えば、総評を中心とする労働者たちの運動も、その勢いに比して、じつは社会的な広がりはあまりもっていなかったのではないかと感じています。ただ、七〇年代末のネオ・リベラリズム以前までは、企業や工場のなかでの労働者の民主主義的な権利というものも、今と比べれば、ある程度までは保たれていたはずです。

テッサ　それは、日本だけの現象ではありませんでした。オーストラリアでも欧米諸国でも、労働組合の弱体化は深刻です。昔だったら、社内人事に関しても、企業の人事担当と組合の交渉役との協議のうえで、決められることが多かったのです。現在は、会社との折衝も、契約という名で個人単位になってきているでしょう。

姜　マルクス主義でいう、プロレタリアート(38)という階級の一体性は無くなってきたし、新国際分業化や情報革命、それにグローバリゼーションの結果、労働者が孤立化し、企業や国との交渉能力をどんどん低下させているわけですよね。それが顕著になっていったのが、おそらく八〇年代です。

▼公的領域と私的領域の境界線が消失している！

テッサ　先ほどの姜さんのお話で一つ思ったのですが、ネオ・コーポラティズムの時代には、経済総動員体制だろうがなんだろうが、国家が国内の労働力のために、あるいは国民生活の向上のために、税金を投入していたことは事実ですよね。今や、教育とか福祉といった部門も、民営化の結果、市場経済の領域となっています。だから、理論的には税金で賄う必要はもはやない。

しかし、そこで私が重要だと思っているのは、国家と企業、もちろん、国家イコール公的領域でもないし、企業イコール私的領域というわけではありませんが、その境界がどんどん曖昧《あいまい》化している点です。これは、デモクラシーの今後を考えるうえで、避けて通ることのできない重要な問題です。

姜　それに関して、非常に問題になると思われる例をあげましょう。七〇年代末から八〇年代にかけて、大平内閣(39)と中曽根内閣のときに、さかんに懇談会や審議会方式というのを立ち上げたでしょう。そこには、財界や労働組合、その他にも有識者が参加したりもしました。現在の内閣総理大臣の私的諮問《しもん》機関や、道路公団民営化推進委員会[40]も同様で、さまざまな立場のメンバーが、国の実際の政策にかなり深く関わっています。

テッサ　そうですね……。大企業の元代表、官僚の申しつけどおり作文を書く大学教授、旧大蔵官僚、それに、ノンフィクション作家とか（笑）。

姜　しかし、彼ら彼女らは、誰かに選出されたわけではない。たとえば、誰かは小泉純一郎の指名だったりする。最近注目を集めた道路公団民営化推進委員会に対して、メディアはこぞって「族議員の抵抗を排せよ」という類のエールを送りつづけているのだけど、その族議員とレッテル張りされた人間たちは、まぎれもなく、選挙で選ばれた人たちなんです。一方、「正義の味方」という役回りの道路公団民営化推進委員会のメンバーは、いってみれば、寄り合い所帯で、公的な立場なのか、私的な立場なのか、非常に曖昧な存在です。

テッサ　おっしゃるとおりです。

姜　いわば立法、司法、行政という三権分立のなかに、もう一つ、私的な審議機関っていうのがボコボコとできて、じつはそれによってすべてが決定される——。ここで、八〇年代初頭に、中曽根内閣の臨時行政調査会で活躍した財界の大物、土光敏夫を例に、この問題について少々議論したいと思います。

　彼はもともと石川島播磨重工業や東芝の社長でした。「ミスター合理化」とか「再建屋」とか呼ばれていた彼は、傾きかけた会社を次々に建て直していった手腕を買われて、臨調の会長に就任しました。臨調とは、今でいうムーディーズ[41]のような機関で、政府の要請で呼ばれていくと、「今までの行政はここが悪い」とか「そのやり方は間違いで、こっちが正しい」とか、アドバイザーのような役割を担っていました。

しかし、いわば臨調は、公的領域と私的領域の曖昧さに乗じて出現した、ある種のミュータントのような存在でね。しかも、その機関の指導のもとで、国鉄や電電公社[42]や専売公社[43]のような三公社五現業[44]が、八〇年代に次々に解体されていきました。それが、結果的には労働組合の弱体化にもつながっていたんですね。

ところが、当時のメディアは、非常に倒錯しているんだけど、「頑張れ、土光さん」という具合になって。

テッサ ああ、そうでした。

姜 これはね、僕は、ある種のポピュリズムではないかと思うんです。それからね、岡本行夫[45]という人がいますよ。内閣総理大臣の安全保障の特別補佐官ですが、これも、公的存在なのか私的存在なのか非常に曖昧な立場の人間で、アメリカの大統領補佐官と似たような役回りをしています。

今回、その彼が、イラクを直接訪れて、首相に「派兵したほうがいいと思う」と答申したんですね。そこで、首相が「やるべし」と判断し、防衛庁に法案文の作成を命じた。そうすると、彼が、イラク派兵問題に関して、決定的な鍵を握っていたことがわかるでしょう。

テッサ　もしも彼が「行くべきでない」と答申すれば、法案は実現しなかったでしょうから。しかし私の推測では、「派兵せよ」と答申するとわかっている人物を、首相は任命したのではないですか。

姜　その補佐官を、有権者が選挙で選んだかというと、そうではない。しかも、イラク派兵の経緯を振り返ってみると、重要な決定はほとんど議会でなされていないわけですよ。そうすると、政治家はいったい何をやっているんだろうという雰囲気になるでしょう。

▼民営化——国家と企業の癒着の進行

姜　ここからはいよいよ、テッサさんが指摘されている市場と国家との癒着の問題になりますね。日本の場合、八〇年代になって、三公社五現業をはじめとする民営化が進められたのは、先ほど話したとおりです。そのときよく使われたロジックが、慢性的な財政赤字からの脱却というものでした。

テッサ　後に財政赤字は、膨張の一途をたどったにもかかわらず。

姜　どうすれば支出を減らすことができるかが論議され、そのうちに税金の歳入自体を大きくしなければならないということがいわれだして、消費税[46]の問題が浮上した。今はこれが年金の問題とかいろいろなところに波及しているわけです。そうすると、社会福祉（social welfare）

という言葉はもう成立しなくなってきた。だいたい、いったいそれを誰が賄ってくれるのか。そのあたりは、オーストラリアでも議論されてきましたか？

テッサ　ええ、もちろんです。どの先進経済国でもそうだと思うのですけど、財政赤字の問題は常に論議の的になっています。ネオ・リベラリズムの文脈で、行政部門が極度に肥大化した「大きな政府」ではなく、最小限の規模で「夜警国家」[47]的な秩序があればいい、と語られるケースも多い。

姜　それは日本でも同様です。

テッサ　また、別の局面からこの事態を語ることはできるでしょう。というのも、非常に単純化して整理すると、五〇年代から六〇年代は大衆消費経済の時代ですから、どんどん新しい製品をつくっても最終的には売れたでしょう。でも、そういう経済構造を支えるためには、賃上げを繰り返さなければなりません。当然、その経済構造には限界が見えてきます。企業は安い労働力の獲得をめざして海外に進出し、新国際分業体制の時代になり――という具合に、これがきっかけになって、グローバル化が準備されたことも先ほどお話ししました。そして、新国際分業体制や情報革命といった経済構造の激変期の到来についても。

　そこで、この七〇年代末以降の新しい経済状況のなかで、新しい投資の分野をどうやって創出するかという問題が浮上し、その結果、民営化の政策が出てきた側面もありました。国家の予算や支出を減らして企業の投資分野を大きくする。一見、リーズナブルな光景だし、なんとなく見過ごしてしまうところですが、まさに、この点にこそ、二一世紀のデモクラシー最大の危機が隠されていたと私は考えます。

民営化というものは、単純に国家から私企業へ管理の権限が移譲されるということではなく、国家と私企業との新たな癒着を誘発します。これはとても深刻な側面です。民営化の問題は、従来のデモクラシー理論がぜんぜん視野に入れてこなかったブラック・ボックスです。第一、国家と企業の癒着に関する記述が存在する憲法は、見たことがないでしょう。

姜 たしかに、この民営化を考慮に入れたデモクラシー理論は、まだ見たことがない……。

テッサ それがこの問題の焦点でしょう。国家と企業の間の境界線は消滅しつつあるのですが、九〇年代以前までは、ある程度までその境界線は機能していました。しかし、ワッケンハット社の例をもちだすまでもなく、企業資本が社会のどんな末端にまで浸透していくとどうなってしまうか。国家と企業はものすごく……。

姜 癒着しますすね。

テッサ そうでしょう。そしておそらく、国家と企業が融合したとき、公的領域（commonsの領域）や、個々人の私的所有の領域（private property の領域）の双方が、抑圧されはじめたのです。

▼矯正施設や職業安定所が、民営化されたら？

姜　なるほど。テッサさんが先ほど、ワッケンハット社の例をあげながら語ってくれた「市場の社会的深化」が、八〇年代以降に急速に進んでいって、冷戦崩壊後の九〇年代になると、その動きがさらに加速化されていきました。その結果、公的領域としてのデモクラシーが、日々、国家と企業が癒着したグロテスクなステージに押しあげられて、根本的な部分で組み替えられているわけです。

たとえば、政治を語る際に、効率性とか、消費者（有権者）のニーズといった、経済を連想させるような言葉が使用されるようになり、財政を合理化する能力のある、すなわち、経営手腕がある政治家が必要なんだという空気も強まっています。反対に、企業内では、コーポレート・ガバナンス（企業統治）ということが重視され、株主や消費者などが経営に関わって、チェック機能を果たせるような制度がどんどん整備されている。

テッサ　たとえば、刑務所や職業安定所を、ある企業が経営したとします。するとどうなるか。仮にそこが民営化されても、政府はものすごく関与するでしょう。施設の建設に際しては、政府がその費用を差配する。あるいは、職業安定所にしつこく陳情する失業者の前には、すぐに警察が現れる——。

姜　そうですね。民営化とはいうものの、実際は、政府や官僚や企業が渾然一体となったシステムが生みだされるだけなんですね。

テッサ　そうです。でも、刑務所や職業安定所は、住民たちの暮らしにとってたいへん重要なものですが、そういう部門で民営化が進んでいくと、民主的な存在ではなくなってしまう。たとえば、旧公的機関では可能だった調べ物をしようとしても、「企業秘密」というブラック・ボックスができてしまい、政府と企業間の知られたくない情報の隠れ蓑になる。この点については先に触れた『自由を耐え忍ぶ』のなかで詳述するつもりです。

姜　たとえば、あるトラブルが発生した際に、それが公的な問題なのか企業の問題なのか、玉虫色になってしまうことも、当然起こりうるでしょうね。

テッサ　おっしゃるとおりですね。再三、例にあげますが、ワッケンハット社の管轄下にある刑務所などでひどい人権侵害があった場合、それは国の責任になるのか、それとも企業の責任になるのか。今後、大きな問題になると思います。

▼ソビエト崩壊はハード・ランディングで、ネオ・リベラリズムはソフト・ランディング

姜　その民営化の問題を考えるいちばん良い例は、ソビエト連邦の崩壊だと思います。というのも、現在、ロシアでは、旧ソ連の権力を継承した政府と民間の新しい企業が結びついて、昔の国営施設や設備を山分けしながら、「遺産」を食い物にしているんです。プーチン[48]政権下のロシアは、今年だけでかなりの高度経済成長を成し遂げているはずなのに、貧困層はますます

増大しているといわれてる。
　僕はどうもね、ネオ・リベラリズムと呼ばれている新しい経済構造への対応策は、旧ソ連が崩壊してロシアへと暴力的に変化した数年間を、二〇年ぐらいかけてやったことではないかと思っているんです。
テッサ　ええ、ええ。
姜　遅れてきたもののなかに本質的なものが凝縮した形で現れる。僕は常々そう思ってきました。そういう意味でも、ネオ・リベラリズムの本質は、ソビエトからロシアへの変化を見ればいちばんよくわかるんじゃないかと考えています。
　私たちは、現在のロシアのことを、旧ソ連のようなどうしようもない体制が崩れ、市場経済に順応するために四苦八苦している国というイメージで眺めているんだけど、じつは、政府と企業の癒着と貧困層の増大という二大セットが、その本質だったりするわけです。
テッサ　つまり、ソビエト崩壊はハード・ランディングで、ネオ・リベラリズムはソフト・ランディングということですね（笑）。
姜　そうそう（笑）。そうすると、テッサさんがいったようにね、先進経済国家で政府と企業の間に癒着が起きているはずなのに、われわれは、それにぜんぜん対応できていないことになる。

▼戦争もしくは政治に寄生した資本主義――ハリバートン、ケロッグブラウン&ルートの場合

姜　ところで、七〇年代にこういう議論がありました。同じキャピタリズム（資本主義）といっても二種類あって、一つは、クリーンなキャピタリズム。もう一つは、ダーティなキャピタリズムだと。

クリーンとダーティを分ける境界線は、たとえば、きっちりと情報公開をしているか、ルールに従っているか、暴利をむさぼっていないか、得た利潤の一部を財団のような形で社会に還元しているかなどで、そういう意味では、ネオ・リベラリズム以後の現在の世界には、ダーティな資本主義がどんどん広がってるように思われます。

アメリカでいえば、エンロン(49)の粉飾決算、それから、イラク侵略に寄生するハリバートン(50)をはじめとするゼネコン(51)の存在が、すぐに例としてあげられます。これらは、現在の資本主義の例外ではなく、むしろ核心部分であるように思われます。政府と企業の腐敗構造は極限に達した感があります。

テッサ　問題はそれだけではありません。というのは、どんどん市場の社会的深化が進行していくと、伝統的な市場原理では射程外だった領域までもが、事業の対象となるでしょう。姜さんが今いったハリバートンは、その典型的な例だと思います。あの会社は、メインの石油開発事業とは別に、もう一つ、関連会社のケロッグブラウン&ルートという会社を通じて、注目すべき形でイラクに入り込んでいるのです。

姜　よくＫＢＲと略されています。

テッサ　はい。そのＫＢＲの事業内容は多岐にわたっているのですが、たとえば、アメリカの軍隊と五年間ほどの契約をして、軍の食料や生活物資の運送を請け負っています。それだけではなく、捕虜収容所の経営とかも、ぜんぶこの会社の営業領域です。

姜　マックス・ウェーバー的[52]にいうと、まさに「戦争もしくは政治に寄生した資本主義」です。普通、額面どおりのネオ・リベラリズムの理屈を借りれば、市場は self-adjusting market（自己調整市場）ということになる。つまり、市場に自己調整的なメカニズムが存在していることを、前提としてきたわけです。しかし実際には、政治や戦争に寄生して、そこでものすごい価値を生みだす企業が増えている。これはもう、ネオ・リベラリズム支持者がそのイデオロギーとまったく反対のことを率先してやっていることになるわけです。

▼生ぬるい夜風に吹かれて

姜　市場の社会的深化と、公的領域と私的領域の境界線の消失――従来のデモクラシー理論では対応しきれないこれらの事態を踏まえながら、今後の道筋を考えていくのは、相当に困難な試みかもしれませんね。でも、非常に重要な作業です。あるいは、私たちは、まだまだ膿を出し切らないといけないのかもしれません。たとえば、今までのデモクラシー理論が見落としてきたブラック・ボックスは、それよりももっと基本的なところにもあったのではないか――。

（担当編集者Oのお腹が、ぐーっと鳴る。）

テッサ　あら、いつの間にか、日がすっかり沈んでしまいました。ついお話に夢中になっているうちに、もうディナーの時間です（といって、ソファーから立ち上がり窓を全開にすると、生ぬるい夜風が吹き込んでくる）。

姜　（ホッとした表情で）ヨットハーバー近くにレストラン街がありましたね。では、今から出かけましょうか。それにしても、朝から晩までよく話しました……。なんだか、頭に霞がかかったような感じです。テッサさんは、何が食べたいですか。僕は、どこでもかまいません。

テッサ　私もどこでもいいですよ、静かに話ができるところなら（ニッコリと微笑む）。

姜　静かに話ができるところ……？

（姜尚中、玄関に向かって歩くOがテープ・レコーダーを手にしているのに気づき、驚《きょう》愕《がく》の表情を浮かべる。そして、猛然とOのもとに駆け寄ると、有無をいわさずにそれを奪い取る。）

――では、マダム（テッサのこと）、どこへなりとも、まいりましょう。

第三章　政党、世論、ポピュリズム

――デモクラシーのブラック・ボックス

（二〇〇三年一二月七日午後　ハミルトン島　コテージ前の海岸にて）

一　政党をめぐるおしゃべり

▼渚にて

（姜尚中、エメラルドグリーンの海のなかから浮きあがり、ビーチで読書をしているテッサに向かってゆっくりと近づいていく。）

姜　テッサさん、こんなに大きな魚がいた！（両手で魚の大きさを表現しながら、フィンやゴーグルを取り外し、隣のデッキ・チェアに腰をおろす。）

テッサ　Oさんは？

姜　（沖のほうを指差しながら）まだ、水死体倶楽部をつづけてます。

テッサ　こんなに長い間、大丈夫でしょうか？　長時間、強い日差しのなかにいると体力も奪われるといいますし……。

姜　大丈夫ですよ、疲れたら部屋で休んでいればいいし。（小声で）今日くらい、テープ・レコーダーも止めて……。

テッサ　昨日は一日中録音しましたから、今日はのんびりとしましょう（笑）。Oさんも、今日はテープを回さなくていいとおっしゃっていましたし。でも、明日話すことは、今からちょっとずつ整理しておかなければ。

姜　そうですね。それについては、昨夜、いいかけたことがあって……。

というのも、「市場の社会的深化」に対応できるデモクラシー理論が、まだ存在していないのだという話を最後にしましたよね。たしかに、民営化の問題は憲法にも記述がない。しかし、これまでのデモクラシー理論は、もっと基本的な論点を見落としてきたのではないかと、ぼんやりと考えはじめているのです。

テッサ　それは何でしょう？

姜　――政党。

▼政党というブラック・ボックス

姜　日本では、一般に運動が低調だったといわれている八〇年代以降も、いろんな試みが草の根でなされていたことは、昨日、話しましたよね。しかし、そうした民主主義的な声が、実際の政治の場に生かされることはほとんどない、ということも。

たとえば、一九世紀の初頭に活躍した、オーウェン(1)、サン＝シモン(2)、フーリエ(3)ら、いわゆる空想社会主義者(4)たちによる数々の改革や実験も、ヨーロッパ全体はおろか、彼らが所属していた国の政治に、ほとんど影響を与えることがありませんでした。そこで、次第に一九世紀を通して、近代政党を介した政治参加のほうに現実的な効果が認められるようになり、今では、ほとんどの近代国家がそうだけど、多かれ少なかれ、権威的な政治はすべて政党の力学で動くようになっています。古代ギリシャの民主制と近代の民主制の根本的な違いは、この政党の存在にあります。

それが、イギリスのような議院内閣制のデモクラシーであっても、アメリカのような大統領制であっても、旧ソ連のような共産党支配の民主主義であっても、人々の声は基本的には政党の支持にぜんぶ置き換えられ、計量化されるわけです。でも、改めて考えてみると、日本国憲法には、政党に関する規定がないんです。ソ連憲法にも、共産党についての明文規定はなかったはずです。

そもそも政党は、公的団体なのでしょうか、私的団体なのでしょうか。日本の場合、政党助成金という名目で、国庫からの援助がありますね。ほんとうなら、これは国公立大学と同じような存在でなければならないんです。だって、そうでしょう。税金の一部をもらってる以上、厳密にいえば、公的団体でなければならないんですよ。

テッサ　だから、独立行政法人[5]（笑）。

姜　そうそう、税金の一部をもらっているのだから、政治家は公務員なのか、と（笑）。

テッサ　フランスやスペインなどにも、政党への国庫からの補助を目的とした法律があったと思います。また、ドイツには、補助金のほかに、政党の資格要件や組織構成に関する規定なんかもありますね。しかし、政党とは何かを厳密に定義した条文が、各国の憲法にあったかどうか、ちょっと記憶が曖昧です……。

姜　日本でも、一九九四年に、政党法人格付与法の成立によって、「政党が助成金を受けとるためには、法人格を取らなければならない」という規定ができました。でも、いずれにせよ、本来、公的なのか私的なのか非常に曖昧な団体に、助成金という形の公的資金が投入されつづけていることは事実です。この事態をどうとらえるべきなのか、昨日の民営化の議論を聞きながら、この件についてじっくりと議論しなければならないように感じたのです。なぜなら、そのわけのわからない集団こそが、すべての権力を発生させる重要なファクターになっているわけですから。

　僕自身は、それが利害政党であれ、世界観政党であれ、すべからく政党とは、その起源において、特定の目的をともにする人たちの純粋な結社、つまり、徒党を組んだ集団だと思うんです。ところが現在では、こうした単純な位置づけは難しくなっています。そういえば、誰かが、

「政党は民主主義社会の怪物だ」といっていたのを思いだしますね。

▼二大政党制か多党連立制か――民意の反映から効率性の重視へ

姜　それでね、テッサさん。世界の主な先進経済国家では、現在、二大政党制への流れが加速化していますよね。イギリスにも労働党と保守党があり、アメリカにも民主党と共和党がある。その形の実現こそが、真のデモクラシー先進国への脱皮だという空気が日本でも蔓延していますし、結果、自民党と民主党という二極化への流れを後押ししている。

もちろん、ドイツや北欧のような、いわゆる多党連立型の政権構造も存在しますが、それについてよくいわれるのが、ワイマール期の共和制ドイツや、第一次大戦後のイタリアのように多くの政党がタケノコのように出てくると政局が混乱し、ファシズムを誘発する危険性がある、というロジックです。だから、理想は二大政党制であり、それにせいぜいもう一つくらいというのが正常なデモクラシーを維持する許容範囲なのだ、と。

それに対して、多党連立によって社会の多元性を保持したほうが、民意を反映できる。つまり、よりきめ細かく代表されると主張する政治学者もいて、そのあたりのことはこれまでにさまざま議論されてきました。でも、最近の議論の傾向性は、もはやそんなレベルではないんです。要するに、我慢です。

テッサ　我慢？

姜　ええ。つまり、ある議題を意思決定するために、どのようなやり方がいちばんスピーディーで効率的か、という点こそがもっとも重要なんです。多党連立だと何をするにも時間がかかる。だから、二大政党制のほうがいい。ただでさえ問題は山積みなんだし、もう細かいことは我慢しなさい、という感じ。もちろん、迅速な決断が必要とされる場合もあるでしょうが、僕はこれ、ある種の擬似独裁政治だと思うんですよ。

テッサ　二大政党制と多党連立制の比較に関してはいろいろとありますけど、そもそも何のために政党があるのかというような議論はほとんどなされていません。ところが歴史的にみれば、それは、すごく重要なポイントだと思います。というのも、直接民主制には原則として、政党はありませんから。

姜　そうそう。

テッサ　それどころか、直接民主主義(6)には投票はあっても選挙がありません。なぜなら、政治を決定する場に直接参加して、考えをそこで述べることができるからです。間接民主主義(7)になってはじめて、選挙というものが要請されます。そして、政党的なものが次第に形成されてくるわけです。

▼政党は階級から生まれた——一七世紀イギリスのトーリーとホイッグ

テッサ　ちょっと振り返ってみたいのですが、本来、大部分の国では、政党は階級と非常に密接な関係がありました。たとえば、イギリスの場合、一七世紀に近代議会が形成されると、トーリー（the Tories）とホイッグ（the Whigs）という、二つの党派集団が誕生しました。世界史上初の政党といわれ、この二つがその後一五〇年間にわたってイギリス政治を担うことになるのですが、トーリーもホイッグもそれぞれ、当時の二大階級を代表した集団でした。前者は伝統的な地主層で、後者は商業資本を背景にした勢力です。

その後、一九世紀の議会改革や選挙権拡張の結果、トーリーが保守党に、ホイッグが自由党という具合に、それまでの二大党派集団を継承した二つの近代政党が形成されます。

二〇世紀になると、一九一八年の普通選挙[8]（ただし、二一歳以上の男性と三〇歳以上の女性が参政権をもった。女性参政権完全実現は一九二八年から）を皮切りに労働者階級の発言権が増大し、労働党が成立します。これ以後、労働党に支持基盤を奪われた自由党が衰退し、イギリス政治は基本的に、保守党と労働党の二大政党制を軸に展開することとなりました。

姜　二大政党制といっても、今の日本の場合、階級との関係性はほとんどありませんからね。

テッサ　イギリスの場合、つい最近まで、中央の政治では保守党と労働党、地方政治レベルでは自由党の後継政党である自由民主党なども含めて、それらの政党は、主だった二、三の階級をそれなりに代表していたんですね。さらに、自由主義の旗頭は保守党で、社会民主主義の旗頭は労働党という違いもありました。

しかし、今、イギリスの低所得層の多くは、昨夜お話ししたポスト・フォーディズムと組合運動の関係もあって、社会民主主義ではなくて自由主義を信じるようになっています。さらに、労働党の支持基盤に、一部の中産階級が混じりはじめているし、スコットランドやウェールズでは、ナショナリズム政党の台頭も見られます。その一方で、低賃金労働者たちの多くが、いまだに労働党を支持しているという現状もあります。そうすると、労働党が低賃金労働者たちをどのように代表しているのかまったくわからない。これは、オーストラリアの政治でも同様で、将来の社会をどのようにしていくべきかといったようなビジョンは、政党が打ちだす政策からは、ぜんぜん見えてこないのですね。

一九七〇年代から、社会学でも、階級分析をやっている人たちはほとんどいなくなってしまいました。もちろん、格差とかはありますが、それは伝統的な階級と必ずしも一致しない。そうすると、政党の意味も変わってくるでしょう。

▼国民政党に脱皮した民主党は、誰を代表しているのか？——階級の変容と、日本党の誕生

姜　今、日本でさかんに聞かれるようになったのが、「国民政党としての民主党」というフレーズですよ。よく社民党や共産党に向けられる批判のなかに、「あなたたちは国民政党じゃないから、政権担当能力はない」といういい方があるでしょう。そんななかで、民主党は、「わが党はやっと国民政党に脱皮して、従来のような一部の労働者や階級の代表ではなくなりました」と主張しているんです。

ただね、与党の自由民主党も、同じようなことを繰り返し主張しているんですよ。「わが党は、結成以来、国民政党であり、すべてのものを代表しています。だからこそ、国民の負託を得て政権を担うのにいちばんふさわしい」と(笑)。

とにかく、自民党も民主党も、階級とか、特定のイデオロギーに共感する人々とか、そういう集団を代表してはいないという。では、国民を代表するとはどういうことかと質問すると、誰も答えることはできない。その代わり、最近では、「国益」という言葉がよく使われるようになりました。

でもね、政党っていうのは、もともとテッサさんがいったように、階級から出発しているはずなんですよね。フランス革命のときだって、ロベスピエール[9]をはじめとする革命の首謀者たちは、王族や貴族を駆逐した自分たちのことを、さすがに国民の代表とは認識していなかったわけでしょう。

テッサ　第三身分[10]の代表です。

姜　そうです。それに、政党の名前には、本来、その党派が代表している階級や集団の価値観が投影されていますよね。でも、現在では、たとえば「労働党」などといっても、「そもそも、この労働者って誰?」ということになってしまうわけです。

テッサ　少なくとも、海外の工場で働く、国籍を異にする人々を代表してはいないでしょうね。昨日、姜さんと議論したように、グローバリズムの進行や市場の社会的深化にともなって、労働組合の基盤そのものが、すでに解体しています。だから、「労働党」という一言で、労働者の有り様をひとくくりにすることは不可能となっていると考えます。
でも、日本を見ていておもしろいと思うのは、そんなふうに、ちょうど二大政党制の基盤がなくなってしまってから、二大政党制になってしまったこと（笑）。

姜　ほんとうにそうなんですよ（笑）。だからね、僕にいわせると、自由民主党と民主党は、二つの政党に分かれている意味はほとんどない。民主党に小沢一郎[11]の自由党が吸収合併されたときに、自由党の名前がなくなっていなければ、これはもう自由民主党ではないか——。

テッサ　第一、昔は自由民主党にいた人たちが多いでしょう。そもそも、自由民主党は、五〇年も昔の民主党と自由党が合体してできた政党ですよ（笑）。五五年体制はそこからはじまったわけですから。

▼自由民主党の「派閥」は代表制の代替物だった——巨大な利益代表機関

姜　ところで自民党そのものは何かの階級を代表しているような政党ではないんだけど、族議員というものがありますよね。道路族とか、郵政族とか、厚生族とか、大蔵族とか。たとえば、地方の選挙区で当選した議員が、公共事業という名目で地元にいろんな工事をもってきて、その土地の企業や工務店にお金をたくさん落とす。ある意味「派閥」は、そういう人たちの利益を代表してきたし、衰えたとはいえ、今もそのシステムは温存されている。

要するに、五五年体制以後の自民党は、巨大な利益代表集団なんですよ。そして、高度経済成長のときは、派閥による利益誘導には、それなりの波及効果があったわけです。そうした税金のぶんどり合戦をちらつかせながら、自民党は、長い間、有権者を確保してきたんですね。利益誘導に成功した地域では、失業問題もひとまず好転します。

ただ、実際問題として、利益のおこぼれに与からない人も、当時からいたわけです。そして、だんだん都市化が進み、経済も頭打ちになってくると、国がプールしている資金も急速に乏しくなってきて、利益代表的な機能さえ、どんどん失われているのが現状です。

テッサ　そのあたりは、昨日議論した、ネオ・コーポラティズムの終焉とグローバリズムの進行という事態に重なると思います。とにかく、どの政党も特定の階級や集団を代表することができないという事態には、日本だけでなく、多くの西欧民主国家が直面しています。そうなると、権力と、何か曖昧な人々の意識――つまり世論との間に、どのように橋を架けるのかという、ものすごく大きな問題が現れてくるでしょう。

姜　そうですね。とにかく、日本は政党選択の幅が著しく狭くなっているのではないでしょうか。自民党と民主党をあわせて日本党とか国民党とでも名乗るべきなんだけど、それは、他のどこの国にもある極右の小集団としての国民党などではない。日本で今進んでいる事態は、全体が右寄りの「日本党」になるということなんです。共産党、社民党は別にして、二大政党制といっても、どこの党も「日本党」の一部分でしかない。

皮肉なことに、一九九一年のソ連邦崩壊によってデモクラシーが勝利し、社会主義国家の一党支配が解体したと喜んでおきながら、勝利した自由主義陣営の側で与党と野党の違いがなくなり、オール与党のような状況になっています。今、日本でどんどん二大政党制への流れが加速化しているのも、一つの政党だとさすがに問題が多いので、体裁を整えようとしているだけなんじゃないかとさえ疑ってしまいます。

▼一院制のほうが「効率的」とは？

姜　二大政党制と同時に、今、一院制か二院制かという議論もよく耳にするようになりました。たとえば、アメリカには上院と下院があり、日本には参議院と衆議院がある。これに対して、第二次大戦後の東欧諸国やアフリカ、それにデンマークやスウェーデンなどでは、一院制を採用しています。

テッサ　たしか、ニュージーランドも一院制ですね。ちなみに、二院制の起源は、やはり一四世紀のイギリスにさかのぼります。その当時、大貴族や高級僧侶たちのグループと、下級貴族や市民代表たちのグループが、それぞれ別々に集まって議論をするようになり、ほぼ自然発生的に二院制のような形が生まれたのです。

姜　だから、この二院制も、政党と同じで、発生の端緒はやはり階級なんですね。歴史的にも、一九世紀のアメリカ合州国憲法の成立以前は、貴族院型あるいは政府による任命制の第二院

（上院）は、広範囲の人々が参加する選挙によって選ばれた第一院の力を、権力側が抑止する役割を担っていました。

現在の二院制の存在意義は、主に、第一院の専制（つまり、多数党の横暴）を第二院が抑止することにあるとされています。また、第二院には、もろもろの議題を慎重に審議するためのクッション役も期待されていて、日本でも、参議院が「良識の府」と呼ばれているのは、そうした文脈からなんですね。

テッサ　アメリカとオーストラリアの上院は、連邦制度と関係があります。一方、イギリスは現在でも、上院議員のほとんどは世襲貴族によって構成されています。もっとも、その権限は、二〇世紀になってから大幅に削減され、現在では世襲貴族議員の廃止計画も徐々に具体化しつつありますけれど。

姜　そうですね。それで、現在の日本では、人口比に対する議員総数を減らすべきではないかとか、政治改革を迅速に行いやすい制度を整えなければならないなどという声が上がりはじめています。そのためには、一院制への移行が望ましいのではないか、と。

テッサ　その背景には、やはり、階級の基盤の根本的な変容が色濃く投影されているのでしょう。昨日の、効率性に関する議論とも通じます。

▼選挙のときは、有権者に寝ていてほしい——オーストラリアでは、小政党への投票が死に票にならない

姜　ところで、一院制へ移行した場合、選挙の方法をどのように統一するのかが、また問題になってきます。一九九四年の選挙法改正以降、衆議院と参議院ともに小選挙区と比例代表の並立制になりました。というのも、八〇年代の末ごろから、リクルート事件[12]という政財界の大がかりな贈収賄事件で、竹下登内閣[13]が総辞職に追い込まれ、「金権政治を改革するためには、選挙に金がかからない小選挙区制へと移行しなければならない」という声が高まったのが、そもそものきっかけでした。

でも、僕はいつもおかしいと思っているのだけど、この小選挙区が一人区だったとしますよね。そこで、五一対四九の割合で自民党の候補者が勝った場合、その候補者一人がすべての民意を代表しているかというと、ぜんぜんそうではないんです。よくいわれるように、小選挙区制というのは、ある意味、非常に死に票が多いんですね。

だから、小政党に不利にならないように、また、政党ごとに選挙で得た得票数と議席の数がなるべく一致するように、比例代表制との並立が導入されたわけです。しかし、その比例代表制における投票行為は、本質的には政党に対するものであって、具体的な候補者個人に対するものではないんです。そこにも、有権者の意思との決定的な乖離《かいり》が生まれてしまう。

この結果、潜在的な無党派層は、ますます増えてしまったのではないかと、僕は考えています。そうなると、小選挙区制における組織票は、やはり重要になってくるんですね。

テッサ 日本では、投票率は軒並み低調ではないですか。

姜 まったくおっしゃるとおりですね。だから一時期、森喜朗元首相は、「選挙のときは、有権者に寝ていてほしい」とポロリといってしまったんです（笑）。なぜなら、組織票中心の選挙では、投票率が低いほうが、断然有利なんですよ。要するに、一九九四年の選挙法の改正によって、逆に、特定の大政党が、議席数を確実に確保できるような仕組みになってしまったんですね。これは、日本の選挙における「一票の格差」という特異な状況以上に、深刻な問題です。

テッサ オーストラリアでは、投票に行くことが、法律で義務づけられています。違反すると罰金が科せられます。事前に投票日に不在がわかれば、もちろん不在者投票ができるのですが、投票日当日に病気になった場合は微妙なのですね。

私は風邪をひいて、投票に行かなかったことがあります。それでも「風邪なら、医師の診断書を出してくれ」といわれ、罰金五〇ドルを支払った経験があります。それほど、選挙で投票するのは、国民の権利であるとともに義務でもある、という意識が徹底しているのですね。たしか、ブラジルでも、同様の制度が導入されているはずです。

姜 ああ、そうですか……。ちょっと前に、民主党の党首であった菅直人(14)が、一つの提言として、投票義務の導入を話題にしたことがあるんです。この制度がもしも実現したら、特定の大政党による組織的な得票システムは、かなり機能不全に陥るかもしれません。ある意味、民主主義的な制度といえるでしょうね。

テッサ　でも、個人的には、投票を義務にするというのはちょっと抵抗感があります。ほんとうは自発的に興味をもつというのが理想ですから。

姜　それでも、今度の衆議院選挙の際に、もしも、投票義務が課せられていたら、自民党は負けていたでしょうね……。それからね、テッサさん。すべての国民がどこかの党員になることを、法律で義務づけている国はないでしょ？

テッサ　ないと思います。中国のような国でも、それは義務よりは、一種のステイタスのようなものでしょうから。

姜　だから、日本のように、政党助成法のような法律を整備して税金でサポートしていること自体、非常に奇妙なことだと思う。そこまでするのだったら、僕は、オーストラリアやブラジルみたいに、投票義務を導入すべきだと思いますね。

テッサ　オーストラリアの選挙制度の長所は、投票義務とは別のところにあると私は考えています。日本では、何人かの候補者のうち一人の名前（あるいは政党名）だけを記入して、投票箱に入れるシステムになっていますよね。オーストラリアでは、だいたい一位から一五位くらいまで、自分が考えた優先順にリストアップする仕組みになっています。そして、自分が一位だと考えていた候補者が落ちた場合、私の票は二位の候補者へのものとなります。二位がダメなら三位へとつづきます（ヘア・クラーク制）。つまり、死に票にならないことがわかっているから、小政党への票を投じやすくなります。

姜　それはいい。

テッサ　たとえば、次のオーストラリアの選挙を例にあげますと、私は絶対に、ハワード政権に反対したいのですね。でも、最大野党の労働党のことも、そんなに好意的に考えられません。それよりは、グリーン党[15]に投票したい。その場合、日本みたいな制度だったら、すごく困るのです。なぜなら、グリーン党のような小政党を支持すると、それが死に票となり、結局、保守党が勝ってしまうでしょう。けれども、オーストラリアの場合、グリーン党を一位にして、労働党を二位にしておけば、有権者の意志どおり票が生きます。

▼二大政党制のなかで、市民運動がイシューをどれだけ公約に載せられるか

姜　二大政党制が進行している日本の場合、第三党以下への票は、ほとんどが死に票になってしまうんです。だから、オーストラリアのその投票制度を日本が取り入れたら、翼賛的になりつつある政局に、多少、風穴が空く可能性がありますね。

テッサ　ええ。たとえ、大きな状況は変わらなくても、議会に小さな政党があることには、かなり意味があると思います。たとえば、グリーン党は、ブッシュ米大統領がハワードを訪ねて

オーストラリアにきたときに、彼に対して猛烈な抗議をしました。たとえば、議会でブッシュが演説したときなどは、議場を退席しましたし、政党として反ブッシュデモも組織しました。それは、オーストラリアでものすごいニュースとなったのです。

だから、市民運動が選挙に与える影響を、どのように大きくしていくかというのは、非常に重要だと思います。たとえば、来年（二〇〇四年）、オーストラリアで選挙があります。そのとき、与党の自由党はもちろんのこと、サイモン・クリーンを党首とする最大野党の労働党も、イラク侵略に反対できないのではなかろうか、と危惧《きぐ》します。

それは、非常に奇妙な現象です。じつは、労働党の大部分の人たちは、イラク侵略に反対しているのですが、選挙戦略としては反対しないほうが有利だと考えるのです。なぜなら、どうせ自由党はアメリカに喧嘩を売ることはないだろうし、代わりに労働党が反アメリカの立場を明確にしたところで、票を失うだけだ。日本でいえば、ちょうど天皇制を選挙で争点にするようなものです。得るものは少なく、失うものは多い。だから、その問題には触れない。

とするなら、市民運動がすべきなのは、そういう戦略を攻撃することなのですね。たとえば、韓国参与連帯の落選運動⑯に学んで、侵略を支持している政治家のリストを、ネット上に公開して攻撃するとか。それによって、風向きが変わってきます。今度は、侵略に反対したほうが有利となり、党の戦略に影響を与えることになる。

（この対談の後だが、クリーン労働党党首は失脚し、マーク・レイサムが労働党党首に選出された。次の総選挙で勝利すれば、クリスマスまでにオーストラリア軍のイラク撤退を公約にした。しかし、二〇〇四年一〇月の総選挙では、自由党が地すべり的勝利をおさめた。）

姜 日本の場合には、それが逆転して、たとえば、拉致問題[17]についてのアンケートを議員に送って、北朝鮮に経済制裁を望むか望まないかをチェックするような動きがありました。これはある意味で社会運動的な現象として表れているわけだけど、それは、グリーン党や韓国の学生運動とはまったく違ったニュアンスの動きでしょう。

テッサ たしかに、市民運動はそういう両義的な側面をもちます。

姜 市民運動がもっている可能性は、決して小さなものではありません。ときにそれは、韓国の学生運動のような巨大なうねりになることもありますが、今度の衆議院選挙の際には、イラク派兵をアジェンダにのせることに完全に失敗して、今ごろになって大騒ぎしている。第一、今の日本の議会の仕組みでは、戦争反対を汲みとってくれるような弱小政党が、法案を提出できる機会はほとんどないんです。

とにかく、日本と韓国における、草の根市民運動の明暗をわけた分岐点が、いったいどのあたりにあったのか、今後じっくりと考えていかなければならない事柄でしょうね。

テッサ そうですね。でも、いずれにせよ、二大政党制のなかでは、市民運動からのインプットがないと、選挙のイシューは常に狭く保守的なものになってしまうと思います。

姜 それはおそらく、大規模なものでなくてもいいんです。たとえば、衆議院選挙の際、イラク派兵に賛成か反対かをアンケートして、それをインターネットを通じて公表するだけでもよかった。その動きに既存のメディアは反応しただろうし、選挙にも少なからず影響したはずです。

▼政党は、マルティチュードを抑圧する——NGOやNPOなど、多様な連帯を志向する人々の可能性を、国民国家の内部に封じ込めようとする権力装置

姜　それでね、テッサさん。ここで、「そもそも政党は何のためにあるのか」という問いに立ち戻りたいんです。

テッサ　これまでの議論の文脈では、ある階級の意志や、特定の集団の利益を代表することが、政党の存在意義ということになります。

姜　ええ。でも、僕はもう一つ、ネグリとハートが『帝国』で提示したマルティチュードの可能性を抑圧し、コントロールする機能があるんじゃないかと疑っています。つまり、グローバル時代において、一国の枠を越えた多様な連帯を志向する人々の可能性を、国民国家の内部に封じ込めようとする機能です。

たとえば、何らかの社会問題が起きたとき、それらは未経験のものが多いだろうし、そもそも人々の欲求って、一つの組織にまとめきれないことが多いと思うんです。でも、政党を通して問題を訴えかけようとしながらも、いつの間にか、その国の政治機能の枠組みのなかで型どおりにコントロールされていく。それが極端な形態になると、弾圧政党や、一国社会主義政党のようなものになるわけです。

権力側にしてみれば、負担を被る階級や集団を、政党を通じて国政に参加させることで、ナショナルな統合を解体する危険を未然に防いでいるんですね。要するに、社会のなかの闘争の発生への予防策に使われている側面があるということなんです。

今の政党はこぞって、国家権力をいかに握るかというところに、努力が集中してしまっている感じがします。何者かを代表したり、代表している層のために制度を変えたりするということはもはや二の次。そのかぎりにおいては、保守も革新もない。政党に代表されなくなった人々は、有権者から消費者へと頽落し、供給者になるチャンス――つまり、何か具体的な政策を生みだすような機会を絶望的に奪われてしまっている。

▼「支持政党なし党」をつくろう！

テッサ　政党という存在に対する、根源的な疑義ですね。たしかに、おっしゃるとおりの事態が着実に進行していることは事実でしょう。しかし、この政党という存在を逆手にとって、代表機能の消失という問題にポジティヴに対応する方法があります。

姜　と、いいますと？

テッサ　日本だけでなく、冷戦終結後、世界の主だった西欧デモクラシー国家において、無党派層の増大が進行していることは、これまでさんざん話題にされてきました。日本でも、選挙前に世論調査を行うと、自民党や民主党の支持者が一位、二位という結果になります。でも、支持率のパーセンテージを表すグラフをよく見ると、「支持政党なし」の答えがいちばん多いのです。それならいっそ、「支持政党なし党」というものをつくってしまったらどうか、と。間違いなく、「支持政党なし党」は比例代表制でトップになりますよ（笑）。この政党を、今までの選挙制度では決してすくいあげることのできなかった人々の声を代表する傘組織（umbrella organization）としていく。

姜　それはいい（笑）。

テッサ　もちろん、ここにも、草の根運動の両義性があらわれる可能性がありますが、戦争に反対する人たちの票が、「支持政党なし党」に大量に雪崩込むことを恐れた大政党が、イラク派兵への対応を変えることだってあるかもしれません。それも、インターネットを使って、みんなに呼びかけるだけでいい。お金がかかる選挙をやる必要はありません。「支持政党なし党」の支持者は、潜在的には増大傾向にありますから。

▼いちばん負担を被る人たちの発言力を増大させる――難民受け入れに関する議論に、送りだした側の代表者も参加する

テッサ　あるいは、新しい政党をつくるというような伝統的な手法からは離れて、もう少し広い意味で政治参加の問題を考えたほうがいいかもしれません。たとえば、日本では、地方を見ると、国レベルよりは遥かにおもしろい政治の動きがあるでしょう。オーストラリアでも、それは同じです。それにはいくつかの理由があると思うのですが、一つは、政党の権力があまり顕在化していないからでしょう。

姜　（目を輝かせて）そうなんですよ！

テッサ　そうすると、地域レベルでは、新しい社会運動がいろいろと生まれやすい。そこに、中央の政党政治とは違った、新しい代表の形が出現する可能性があります。今のＥＵ[18]を見ると、地域レベルの運動が、ＮＧＯ[19]やＮＰＯ[20]を通して、国境を越えて結びつくケースもある。むしろ、グローバル化にともなう国民国家の融解という未曾有の事態に、地方政治のほうがうまく対応できている側面もありますね。

姜　今、テッサさんがおっしゃったように、日本でも、地方レベルの政治では、日々実験的なことが行われています。政党の存在意義が少ないと、いろいろな社会運動を政治に反映させる可能性が高まるわけですね。だから、それこそ、地域レベルで日本国の枠を越えた動きが出てきたときに、それが国レベルの政治にコミットしていく糸口が見えれば、事態はかなり変わるはずなんです。

　たとえば、米軍基地が多数存在する沖縄で、日本という枠組みを越えた安全保障の取り組みがあったとします。その際、日本政府の政策に対して、沖縄側が、ＮＧＯやＮＰＯなどの、国境を越えた連帯によって主体的にコミットしていけるような道筋があれば、そこに、政党政治を激変させる突破口が生まれるのではないかと思うんですよ。

　というのも、僕は、常々思っているのですが、政治でもっとも大切なことは、「ある政策の結果、いちばん負担を被る人々が、いちばん大きな発言力をもつこと」なんです。それなのに、今はその逆で、利益を独占できる連中の声だけがやたらとデカくて、一方、負担を被る人たちは、もっとも無力です。テッサさんが冒頭で話してくれた、イラク国民の例がまさにそうですよね。

テッサ　まったく同感です。今はもう、グローバリズムの進行にともなって、「自由・平等・友愛」という、フランス革命以来の西欧中心主義的な人権の考え方を、根本から問い直す時期にきています。たとえば、従来の民主主義の理想のなかに、外地フランス（植民地）は決して含まれていませんでした。私たちの対話の最後に、二一世紀のデモクラシーの基本原則を提示するのも悪くないでしょう。

姜　それはいいですね。

テッサ　姜さんがおっしゃった、「いちばん負担を被る」立場の人々といえば、その国の国籍をもたない移民や難民たちですよね。彼ら彼女らは、自分たちが住む国の税金を使った保護を受けられないし、戦争の惨禍から逃れてきた場合でさえ、門前払いにされることが多々あります。どの国にも、石原慎太郎[21]やハワードのような極右のアジテーターはいて、こと難民の受け入れに関しては、日常的にヒステリックな反応を煽《あお》りつづけます。

でも、たとえば、その難民問題に関しては、彼ら彼女らが逃れてきた国の代表者や、移民・難民たちの代表者が議論に参加できるような枠組みが、今後、積極的に整備されるべきだと思います。彼ら彼女らを送りだした側と受け入れる側の双方が、一つの問題を協議することがきっかけで、戦争や環境問題などといった、国境を越えた政治課題に人々が主体的に参与できる道筋が、形づくられていくかもしれません。

二　世論をめぐるおしゃべり

▼第二次大戦中の小山栄三による世論研究——世論はどこにも存在せず、国家と国民の関係性のなかで人工的につくられる

姜　それから、昨日、テッサさんがちょっと触れたように、デモクラシーにはもう一つ、世論という巨大なブラック・ボックスがあると思うんです。実際の選挙に多大な影響を与えることが多々あるにもかかわらず、政党と同様、これまで、きっちりと深められた議論があまりないんですね。

テッサ　たしかに、最近の世論に関する政治学的な研究では、おもしろいものはあまりないですね。それよりも、第二次大戦中の小山栄三[22]の研究のほうが、とても興味深い。といっても、あくまで批判的な意味においてですが。

姜　東京大学の旧社会情報研究所の歴史を考えると、非常に重要な人ですね。

テッサ　小山栄三は人類学者で、戦争中、植民地の民族に対して非常に差別的な文章を書いていた人です。その彼が、世論やプロパガンダ（政治的意図をもつ宣伝）についても熱心に研究していました。一九三〇年代から四〇年代にかけて、小山栄三以外にも、同じようなことをやっていた人たちはいて、世論に関する研究もいろいろと刊行されたのです。

それで、小山栄三が到達した結論というのは、世論はそもそもどこにも存在しない、というものでした。

現在のメディア理論では、世論はあたかも、実体的に存在するかのように語られているでしょう。つまり、世論調査はいわば体温計のようなもので、平均的な民意というものは必ずどこかにあるはずだという架空の想定を、みんな基礎にしているわけです。

しかし、世論とは、国家と国民がいっしょになってつくるものだと、小山栄三は指摘した。すなわち、国家と国民の間の、一種の循環のなかで、世論は形成される。元来が、プロパガンダの技術に関する研究ですから、そのような視点が生まれたと思います。この発想は、現在の世論のあり方を考えるうえで、重大な示唆を与えてくれるものです。彼はこんなこともいいました。世論は日本が植民地帝国になるためにとても重要な道具だった、と。で、そういうこともあり、彼は、戦後すぐに占領当局に雇われて、GHQ（連合国最高司令官総司令部）の世論調査に積極的に関わった（笑）。

今の世論のあり方を考えると、小山栄三の発想はまさに卓見です。つまり、世論は、基本的にはメディアが媒介項となって、国家と国民の関係性のなかでつくられていくものなのですね。

たとえば、以前、戦時中のオーストラリアの世論調査について研究していたとき、驚くべき質問項目を見つけました。そこには、こんなことが書いてある。「ヨーロッパから逃れてくる六〇〇万人のユダヤ人を受け入れることについて、あなたはどう思いますか」と（笑）。もちろん、この設問では圧倒的多数の人はダメだと答えるでしょう。現在の難民に関する世論調査は、これと基本的には同じだと思います。質問項目を設定した段階で、答えはすでに決められてある。「貧しい人たちが大量にオーストラリアに押しよせようとしています。この難民を受け入れることについて、あなたはどう思いますか」と問われたとき、人はどういう反応を示すでしょうか。だから、今こそ、世論の経済学（economics of public opinion）について、みんなが考えなければならないと思います。

姜　現在の日本社会においては、世論こそが voice of nation、つまり、国民の声であり、民主主義の代弁者ということになっています。テッサさんの体温計の比喩はおもしろいですね。政党支持率の調査なんかは、まるでそうですよ。あたかも客観的な体温（民意）があるかのように想定して、結果は三七度だったから——支持率は三七パーセントだったから（笑）、現在の人々の意思はこういうものであり、だから、政府はこのように政治を動かしていかなければならないんだ、と。

結局、世論というのは、何か幽霊みたいな存在なんですよね。でも、政治の場に現れる効果としては、まぎれもない実体となってしまう。

▼世論は「虚焦点」をつくる——フィクショナルな焦点をめぐる幻想民主主義

テッサ　もともと、世論調査は、商品がどれだけ売れるかを調べる技術から生みだされたものなのです。だから、質問に対する答えのバリエーションには、「はい」「いいえ」「わからない」くらいしかありません。

たとえば、同じ世論調査の質問シートのなかに、「あなたは車を持っていますか」という問いと「日本は外国人労働者を入れるべきだと思いますか」という問いが、混在していたとします。でも、この二つの質問の間には、根本的な違いがあります。車の所持に関する問いにならば「はい」「いいえ」はありうるけど、外国人労働者の受け入れに関しては、これからどういう社会をつくるべきなのかをいろいろと吟味したうえで、しかも、ある条件の下でしか答えることはできないでしょう。こうなると、世論調査の結果自体、ほんとうに無意味になってしまいます。

姜　第一、ある商品一つとってみても、綿密なリサーチを積み重ねて、消費者のニーズを分析しつくして、マーケティングをやったうえで、市場に出したにもかかわらず、まったく流行《はや》らないということが多々あります。世論調査にも同様の不確かさは、当然あるはずです。

そんななか、昨日も話しましたけど、イラクに自衛隊を派遣すべきかどうかという新聞の世論調査を目にしました。でも、このイラクの状態をどうしたらいいと思うか、という質問はどこにもない。

テッサ　その質問に対する答えにも、単純な「はい」「いいえ」はありえません。

姜　ところが、民意を確実に計量化することは可能で、しかも、世論に忠実な政党が議会で多数派を形成していると信じている人もいる。だから、世論調査を通じて、すべての焦点が自衛隊派遣の是非にあるかのように思われてしまうわけなんです。

僕は、その焦点は「虚焦点」だと思う。その非常にフィクショナルな焦点を軸に、実際の政治が動いていき、世論を重んじることこそがデモクラシーということになっている。だから今の政治は、いってみれば幻想民主主義とでもいうべき事態で、世論という壊れた羅針盤にふりまわされて大海をふらふら彷徨《さまよ》っている難破船のようなものなんです。

テッサ　世論がつくる「虚焦点」の問題は、たとえば、政党がつくるマニフェストにもあるでしょう。これも、これからこういう社会をつくりたいという話ではまったくなくて、いってみれば、メニューのようなものです。

私たちは福祉に関してはこんなことをやります。老人問題にはこういう対応策をとります。年金の給付率は何パーセントの数字をめざします。高速道路を無料化します——。

でも、これらは、一点一点の政策の集積に過ぎず、その全部に通底する、めざすべき社会のイメージが見えてこないでしょう。


姜　幽霊のような世論のなかにいろいろなニーズが現れるから、こういうメニューが出てくるんですね。そもそも、民意を反映させるのが政党の役割とされているのだから。ただ、政党も世論も、両者ともにデモクラシーのブラック・ボックスであって、そのなかから出現したマニフェストが確固たる方向性を有さないというのも、その意味ではうなずける気がします。選挙前になると、候補者たちはよくキャスターに詰問されるでしょう。

あなたたちは、私たちに何をしてくれるのですか。景気を回復させてくれますか。治安をよくしてくれますか。介護問題はどうですか。年金問題はどうですか。こうしたニーズに合わせて、どのような商品を供給してくれますか——。

私たちは主権者だから、それらを要求する権利がある。そういいながら、実際は、主権者がもっとも無視されるようなデモクラシーが、どんどん大きくなっているわけですよね。これはもう、政党と有権者とメディア関係者たちが、みんなで凭《もた》れあって、事態をどんどん悪い方向へと運んでいるのではないか、と。

▼憲法と世論——近代国家の、二つの権力抑制機能が崩壊している

姜　それでね、テッサさん。僕は、近代国家において、人々が権力をコントロールしていく最大の手段は、やっぱり憲法だと思うんです。もう一つが、今、話題にしてきた世論。後者のほうが、非公式な存在ではあるけれど、むしろ、憲法よりもアクチュアルな影響力をもっているかもしれません。

この憲法と世論ががっちりと組むことによって、近代国家の民主的な運営が想定されているのだと思っています。

しかし、この世論が、現在、国家と完全に一体化しつつある。すると、「憲法のなかに民族の魂という表現を入れていないのはけしからん」などと、立憲主義[23]の「り」の字も知らないような人たちが、改憲を唱えるようになるんですね。そして、その後はお決まりのように、「今こそ、アメリカから押しつけられた、日本語としてもこんなにわかりにくい表現の憲法を捨てて、日本人として誇りのもてる新憲法をつくりましょう」と主張する。でも、本来、憲法の機能は、いかにして権力を抑制するか、あるいは、国民の権利をいかにして守るのか、という点にあるわけで、民族の魂とか伝統とか、そういうものとは一切関係がないんです（笑）。

テッサ　私がいちばん恐れているのは、憲法改正に関する議論を非常に曖昧にしたまま、数年後に、「多くの有権者から改正論議がささやかれるようになったので、そろそろ国民投票を実施したい」と、権力側が突然いいだしてくることです。そのとき、どのような答えが有権者か

ら出てくるのかわからないのですが、そういう手続きは、とてもおかしいと思います。
もしも権力側が、憲法改正を考えているのなら、まずは、有権者みんなに、何のために憲法があるのかをじっくりと議論してもらわなければなりません。そもそも憲法において、何をいちばん主張しなければならないか、もう一度振り返ってもらうのです。その上で、改正なら改正を考えるのが、フェアなやり方というものです。ところが、現在行われている改憲議論というのは、一種の詐欺《さぎ》みたいな方法でしょ。

姜　僕はね、やっぱりデモクラシーって、根源的という意味でラディカルで公正なものだと思うんですよ。物事をラディカルに突きつめて吟味していく。そういう基本的な精神が、今はまったく生かされていない。だから、憲法でも何でも、根源的な問題は常に議論されることがないんです。幽霊のような世論を通して、ぼんやりとした虚焦点の表面をなでるだけで、何がいちばん大事なことなのか、有権者にはまったく見えていないんじゃないかと思います。
今は、憲法と世論の双方の機能が、ガタガタに崩れてしまっていて、デモクラシーを担保するものがなくなってしまっているわけです。これは、大変なことだよね。

▼テレビ番組『ビッグ・ブラザー』――強化されていく相互監視と、世論と国家の一体化

テッサ　ご存じのように、九〇年代以降、世界的な傾向として監視社会が強化されています。セキュリティという言葉が頻繁に聞かれるようになり、市民たちが、自分たちの生活を守るために、むしろ自発的に監視カメラを生活圏に設置するようにさえなりました。

さらに、カナダの社会学者デイヴィッド・ライアン[24]などは、インターネットやクレジットカードの使用を通して、個人情報が企業や政府によって日常的にモニタリングされていることも、監視行為の一部と考えています。その監視の射程は爆発的に広がり、網膜スキャンやDNA検査など、個人の生体情報にまで及びはじめている。

これは、現代のデモクラシーを論じる際に、避けて通ることのできない論点だと思います。

ところで、フランスの哲学者ミシェル・フーコー[25]は『監獄の誕生』で、一八世紀末に哲学者ジェレミ・ベンサム[26]によって考案された、パノプティコン（一望監視施設）という監獄建築をとりあげています。囚人たちが閉じ込められている独房からは、パノプティコンの中央にある監視塔の内側が見えず、次第に、監視塔からの視線を日常的に意識せざるをえなくなっていく。フーコーは、この構図を、権力者のまなざしを内側にとりこんだ近代的なアイデンティティのアナロジーとして分析しました。

でも、私がもっと恐怖を感じるのは、たった一つの超越的な監視者の存在を描出したパノプティコン・モデルは、さらに別の段階に移行してしまった新たな監視社会の誕生です。それは、みんなが互いを監視するようになった世界——すなわち、相互監視が極限にまで進んでしまった世界。

姜　相互監視。

テッサ　たとえば、姜さんは、この五年ほど、アメリカでものすごく流行《はや》っている『ビッグ・ブラザー』というテレビ番組をご存じですか。
姜　ええ。その番組の存在は知っています。
テッサ　一般公募で選ばれた男女が、テレビカメラが設置された家のなかで、二四時間監視されながら共同生活をします。期間は、三ヶ月とか半年とか。毎週、視聴者からの投票によって、共同生活に十分貢献していなかったり、「不愉快な人間」とか「つまらない人間」と見なされたメンバーが、一人ずつ脱落していきます。
　ちなみに、ビッグ・ブラザーというのは、オーウェル(27)のアンチ・ユートピア小説『一九八四年』に登場する、人々の日常生活を監視しつづける姿なき独裁者のことです。そして、誰がビッグ・ブラザーかというと、監視カメラを通して彼ら彼女らの動向を監視している視聴者、すなわち、われわれです。
姜　ああ、なるほど。
テッサ　でも、この『ビッグ・ブラザー』にかぎらず、オーストラリアでも日本でも、監視カメラをふんだんに使った番組が、たくさん放映されているでしょう。隠しカメラで撮影した映像を見ながら、「この人は、こんな乱暴な運転をやっているんですよ」とか、「こんなおそろしい犯罪の現場に出くわしました」とか、やっている。ホームビデオを投稿するタイプのものもあって、子供たちの初めてのお買い物風景なんかを、「かわいい、かわいい」といいながら、眺めたりする番組もあります。そこで起こるのが、内的境界の強化という深刻な事態です。

姜　つまり、「われわれとかれら」を分ける境界線の強化ですね——。実際、パトカーのなかからの映像を流す番組なんかもあって、監視する側の視線と視聴者の視線が、そこでは完全に一体化しているわけですよね。先の湾岸戦争[28]では、史上初めて、戦争開始の実況中継がありました。イラク戦争でも、FOXやCNNやABCなど、アメリカのメジャーなメディアが、戦車のなかから見た戦闘風景など、米軍の視線と完全に一体化した映像を垂れ流したことは記憶に新しいことだと思います。ニュースを目にした視聴者は、夢見心地のまま、戦闘員の感情を疑似体験したことでしょう。でも、その映像からは、殺される側の感情は微塵《みじん》も伝わってこないのです。

テッサ　相互監視が進行した結果、自分たちの社会に十分適応できない人たちを、とにかく敵視し、排除する傾向が強まっています。それと同時進行的に、愛国心や郷土愛のような感情が、醸成されていきます。そういったなかで世論が形成されていく。世論が担う役割は決して無視できるものではありません。

姜　世論にはある種、他者を監視する機能もあって、そうした側面にメディアが大きな役割を果たしてるということですね。もしも世論が、国家、あるいはフィクショナルな国民の意思と一体化した場合、とても怖いことになるでしょうね。

だから本来、世論に権力があってはいけないと、僕は思っています。権力がないからこそ、世論は、国家と国民の間にできあがる、それこそ絶対的ではない、一つ一つの価値観や考え方を表現しうるのでしょう。そこには、権力に対する批判的な機能があると長い間考えられていたんですが、世論と国家が一体化しつつある現在、世論との適切な距離感を、今後しっかりと検証していかなければなりません。

三　ポピュリズムをめぐるおしゃべり

▼リスクを回避するメディア――ポピュリズムの温床

姜　ところで、その世論調査が掲載される「朝日新聞」や「読売新聞」などの大新聞の発行部数は、八〇〇万部から一〇〇〇万部にのぼるといわれています。でも、これだけの規模の読者の声を、どうやって代表しうるのかと問われた場合、書いている記者たちも自信がないのではないでしょうか。

そうなると、最大多数の人々を代表するような内容にしなくてはならない。もはやナショナル・プレスたるわれわれは、特定の階級や集団だけを代表する新聞ではないのだ、という具合に。そして、リサーチをはじめる（笑）。読者はこういうニーズをもっているから、こういう記事を書くべきではないか、と。リサーチの積み重ねによって、次第に、反発がない記事を書くことがいい記者の条件になっていく。ちょっと冒険した結果、不買運動のような動きが起こってしまっては、ほんとうに困るわけですからね。結果、リスクの少ない記事が紙面を覆うようになりかねません。これは、政党や世論が直面している問題と、まったく同じ構造なんです。

テッサ たとえば、同じく多くの視聴者を相手にするテレビに関しても、同じことがいえると思います。テレビのスクリーンに漫然と目を向けながら料理ができるような、気楽な番組が理想となります。テレビ会社にとって困ることは、反発を受けてチャンネルを変えられることですから。一所懸命観てくれるかどうかは、ぜんぜん眼中にない。

姜 今ではテレビが、BGM代わりになっているという話はよく聞きます。

テッサ 政治も同様ではないですか。たとえば現在のオーストラリア労働党は、政策づくりに非常に迷います。何かインパクトのあることをいったあとの反発が怖いので、前の選挙のころからずっと、スモール・ターゲット的な戦略を続けています。

姜 小さな標的。

テッサ そうです。公約の幅をできるだけ小さく縮めていって、リスクを回避するのですね。その結果、「何がやりたいんだ」という反発もドンッとやってきます（先述したが、この対談の後、それによって党首交代が行われた）。

姜 でも、それが今の世界的な政治のトレンドになりつつありますね。各政党が打ちだす政策が、スモール・ターゲット的に、より精緻なものになった。だけど、みんながニュートラル・コーナーに身を置くような発言をするようになった結果、それぞれの違いがどんどんわからなくなってきているんですね。それが逆に、非常に強いインパクトをもった発言が受ける土壌になっていった。いよいよ、ポピュリストの登場です——。

▼ポピュリズムとは何か

テッサ　政治学上、ポピュリズム概念には、二つの源流があるといわれています。一つは、一九世紀末のアメリカ合州国で、鉄道会社をはじめとする独占企業に対して、南北戦争後の急激な経済成長のなか、没落した西部の農民層が人民党（People's Party）を結成して抵抗し、当時の二大政党制の基盤を揺るがした運動のこと。

もう一つが、一九三〇年代から五〇年代にかけて、アルゼンチンのペロン[29]やブラジルのヴァルガス[30]など、ラテンアメリカ各国に登場したカリスマ的な政権指導者が扇情的なスローガンを駆使して広く大衆の動員をはかった、いわば、大衆迎合的な政治のことです。

姜　そうですね。前者と後者では、運動の方向性がまったく逆ですけど、今、ポピュリズムといえば、後者の意味で使われることが多いでしょうね。日本でいえば、石原慎太郎、田中真紀子[31]、小泉純一郎などが、典型的なポピュリストとしてあげられます。

テッサ　どこかで読んだのですが、ポピュリズムに関して、おもしろいアナロジーがありました。子供たちはケーキのような甘いものが好きでしょう。それは大人たちが味のないものばかりを食べさせるから、ちょっと刺激があると喜ぶというのです。ポピュリストの登場にも、似たようなところがあります。

姜　そうですね。でも、ポピュリストたちの数々のパフォーマンスが何を代表しているかというと、それはまったくわからないんです。結局、話題になるのは政治とは関係のないものばかりでしょう。石原軍団がどうしたとか、某幹事長のネクタイがどうだとか、交友関係がどうだとか、笑顔がいいとか、あるいは……。

テッサ　アイスクリームを食べるとか（笑）。

姜　そう、そう（笑）。あるいは、その奥さんがディスクジョッキーやっているとか、相思相愛であるとかないとか。ある意味、スキャンダルにさえならないバカげた情報が、大量に流されている。多分、メディアも何を問題にしていいのかわからないんです。そして、甘いものや辛いものを欲しがる子供のように、日本の典型的なポピュリストである石原慎太郎の「三国人」発言[32]や中国人犯罪者民族的ＤＮＡ発言[33]――つまり、レイシズム（人種差別主義）的なパフォーマンスをおもしろがるようになる。ポピュリストの側も、中途半端に中性化するよりは、多少反発があっても極端な発言のほうが受けることを知っていて、そうした傾向性にますます拍車がかかるわけです。

テッサ　必ずしも全部が全部というわけではありませんが、現在のポピュリズムは、ニューライト[34]的な言動と結びつくことが多い。というのも、逸脱者や非国民の脅威からみんなを守るというロジックが、もっとも刺激的で、もっとも手っ取り早く、一般的な国民の支持を得やすいからです。

姜　そこで、セキュリティが政党の主要な公約になってしまう。こんなに細分化されて格差がある社会に、共通項を見つけようとすると、結局、ナショナリズムを鼓舞する乱暴な言葉しかなくなってしまうからなんですね。

ついこの前、二〇〇三年九月の自民党総裁選の際に、石原が、亀井静香[35]の応援演説の最中、外務省の田中均審議官への右翼による脅迫を「あったりまえじゃない」と発言したでしょう。しかし、そのテロ容認発言自体、異常なことではあるのですが、もっと驚いたのは、この政府高官へのテロ容認発言に対して、都庁宛のファクスにはむしろ賛成派のほうが多かったそうなんです。

しかし、僕は、ポピュリズムの本質は、元来は、政党に代表されていない人たちが主体的に政治を動かしていく点にあったのではないかと思っています。一九世紀アメリカの人民党だけでなく、アルゼンチンのペロンにしても、そういう側面はありました。

でも、今は、大新聞やテレビをはじめとするメディアが、何の戦略も構想もないまま、ポピュリズムを生みだすシステムに加担してしまっているんですね。いってみれば、バーチャル・ファシズムのような体制ができあがりつつあるようにさえ感じています。

さらに、僕が危惧しているのは、今後、非国民的な言動をする者があぶりだされたとき、メディアが、そうした人たちを叩いてしまうという、擬似恐怖政治の到来です。僕は、単純に過去の歴史を繰り返すことはないと思っていますが、それでも目に見えない圧力のようなものが隠然と広がりつつあるように感じられて仕方がありません。

▼自民党の利益誘導政治（派閥政治）の機能不全と、ポピュリズム――中心政党と癒着した日本型ポピュリストたち

姜　僕は、日本の場合、自民党の派閥政治がうまく機能しなくなったときに、ポピュリズムが力を発揮しはじめたのではないかと考えているんです。

たとえば、石原慎太郎は、一九六八年の参議院全国区に当選して以来、四半世紀にわたって、自民党のなかにいたんです。彼が敵対していたのが、自民党内最大派閥の親玉の田中角栄[36]です。この自民党内のいくつかの派閥が、ほとんど政党内の政党のような形で、日本の政治を動かしていました。

しかし、九〇年代以後、自民党内の派閥を基本単位とした、利益誘導型の政治は終焉を迎えつつあります。そんななか、石原は自民党を離脱してポピュリズム的なパフォーマンスで多くの支持を集め、九九年から東京都知事という世界最大級の首都の長におさまってしまいました。

テッサ　先ほどの議論とつながります。自民党の「利益代表機能の消失」という事態が、代表

されていない層の増大を生みだし、ポピュリズムを招来する温床となった。
でも、石原慎太郎が最初の参議院選に出たときは、たしかある化粧品メーカーの顧客組織を動員したから当選したわけでしょ。あのころ、石原に投票した女性たちは、現在ではかなりのお年のはずです。そうであるなら、「ばばあ発言」は理解できません。日本の右翼は、恩とか義理を大切にしなくてはいけないはずなのですから（笑）。
姜　そうでしたね（笑）。また、日本の場合、ポピュリストがメディアを通じてつくられる点に大きな特徴があると思います。大嶽秀夫[37]さんが『日本型ポピュリズム』のなかで指摘していたけれど、この数年、メディアがスター政治家を次々につくりだして、それを叩くというサイクルが、非常に目立っています。つまり、世論を過剰に加熱させて、最後に失望を生みだすわけです。この異常なサイクルが、政治に対するニヒリスティックな感情をますます増大させ、今後は、ポピュリズムの力さえ落ちてくるのではないかと僕は考えています。
テッサ　おそらく、こうした事態でもっとも問題になってくるのは、非常にすぐれた政治構想があったとしても、それがあまりにも複合的だと、「わかりにくい」の一言でメディアに取り上げられることがなくなってしまうことでしょう。第一、視聴率がとれない（笑）。ヒステリックなポピュリストづくりのサイクルのなかでは、見出しになるような言葉しか表面に上ってくることはありません。
姜　ワンフレーズ・ポリティックス。これは、小泉純一郎のもっとも得意とする政治手法です。

変な話、自衛隊員がイラクで亡くなるようなことがあったとして、派兵を決定した政府の責任を追及されたとき、小泉がこんな返答をするかもしれません。「彼は、イラクの治安維持のために犠牲になった。感動した！」と（笑）。あのフレーズが最後に出てくると、もうそこで議論は終わっちゃうわけです。

テッサ　そうですね。オーストラリアでも、ポーリン・ハンソン(38)という極右のポピュリストが九〇年代の後半に登場しました。彼女の政治手法は、まさにそのワンフレーズ・ポリティックスでした。基本的な教養に欠けていた女性で、ときどき直感的なことをいう。それが逆に新鮮だったんですね。他の州ではそれほど支持率は高くなかったのですが、出身地のクイーンズランド州で二〇パーセントくらいの票を獲得しました。その後、政治的無知と政党を立ちあげた際の登記上の不正が発覚し、一時、刑務所に入っていました。

その政党もつぶれて、今はもう政治的な影響力はまったくないのですが、彼女が打ちだした難民受け入れ拒否政策に共感する人たちの票を吸収したハワードが、再選を実現させました。だから、石原慎太郎の場合、それ自体としても怖い存在だと思いますが、今後、そういう支持層を大政党が吸収しようとすることのほうが、もっと恐ろしいのではないでしょうか。

姜　日本の場合、オーストラリアのポピュリズムと非常に違っている点は、ポピュリスト自身が、エスタブリッシュメント（既成勢力）であることが多いということです。これは、既存のポピュリズムの文脈では、ちょっと分析が難しいところだと思います。

石原は、エリート階層の出身で、しかも日本のもっとも中心的な政権政党に四半世紀もいました。そういう人物が、ポピュリスト的な手法を巧みに使っている。田中真紀子や小泉純一郎もそれは同じです。ということは、日本では、他国に比べて、ポピュリストと既存政党が人脈を通じて密接な関係を保持している。つまり、ポピュリズムなのに、既存の保守政党と完全に切れてはいないんです。

たとえば、フランスの場合、シラク政権と極右のポピュリスト、ルペン[39]の間に、日本のような癒着構造はないですね。しかも、石原慎太郎にせよ田中真紀子にせよ、ポピュリスト的な政治家が、いつ政権政党の中心になってもおかしくない。

▼失敗しつづけるポピュリスト・石原慎太郎の支持基盤——都市型中産階級の怨念

テッサ　オーストラリアの場合、ポーリン・ハンソンの支持基盤は、個人営業の経営者と、あとは男性を中心とした伝統的な労働者階級の人たちだったと思います。

たとえば、鉱山労働者たちは、雇用の幅自体はどんどん縮小していますから、仕事もなくなるし、アイデンティティもゆらいでしまっている。労働者階級としてのアイデンティティの消失は、そのまま自信の喪失につながりかねない。そういった人たちに「ホワイト・オーストラリアン」という代替の自信を与えた。彼らの労働者としてのプライドが、ポーリン・ハンソンへの支持を後押ししたと分析されています。彼女もイギリスからの移民二世で、典型的な労働者階級の出身です。
しかし日本の場合、石原を支持しているのは、そういう中小企業の関係者や労働者階級だけではなく、一部上場の大企業関係者や、都市型の中産階級の人たちではないかと思います。ある意味、経済的にはそれほど苦しんでいるわけではないけれど、もっとも危機感を感じている層です。つまり、ささやかな既得権益を消失することを恐れる人たち――。

姜　いやあ、そのとおりだと思いますね。だから、ナチス[40]を支えたのは誰かということについていろいろな説があるけど、僕はやっぱり、小市民的な階級が母体だったと思います。それが、第一次世界大戦の後の没落の不安のなかで、ナチスを支えていたわけです。
石原がトップの座に就いている東京都は、商工店の店主も含めて、都市型の中産階級が経済の母体で、しかも、そういう階層の人たちって、いちばん危機感を抱きやすいんでしょうね。

テッサ　石原はそれだけではなく、底辺の労働者も含めて、経済的な危機感を背景に広範な支持を獲得しています。だから、支持基盤の広がりはかなりのものです。それで三〇〇万票。

姜　もう一つ重要なのは、石原に票を投じた人たちが、よく「自分たちは必ずしも、石原慎太郎をすべて支持してるわけではない。でも、この部分とこの部分については彼のいうとおりだと思う」と説明することです。
具体的には、ディーゼル車の排ガス規制。ポピュリストよろしく、記者会見の場に真っ黒なペットボトルをもってきて、こんなに被害がひどいと芝居気たっぷりに説明する。一時期は、横田基地の返還を要求して、アメリカにNOをつきつける姿をさかんに見せつけていました。そして、最大のパフォーマンスは、銀行税の導入でした。

テッサ　金融機関の不良債権処理の不手際と、住専（住宅金融専門会社）への公的資金援助の決定に対する国民の不満を背景に、石原が打ちだした政策でした。

姜　石原がいっていたのはこういうことです。不良債権処理を必要経費として計上している以上、収支が赤字となり、銀行には税金がかからない。しかも、バブル期の失敗の補塡《ほてん》のために多額の税金まで使ってしまった。だから、東京都は、そういうふざけた銀行の不良債権処理にかかったお金を必要経費として認めないで、売り上げ全体に課税することにする。

そして、石原は、企業の収入から費用を引いた差額——法人所得を課税基準とはせずに、その企業が赤字か黒字かに関係なく、国や自治体が提供する行政サービスをどれだけ利用しているかを評価基準にする、いわゆる外形標準課税方式を導入して、銀行から税金を取りました。でも、その後の裁判で見事に負けてしまって、東京都は、多額の借金をつくってしまった。さらに、彼がぶち上げた、臨海副都心のカジノ構想も、うまくいってない。

テッサ　それでも、支持率はいまだに下がらない。

姜　冷静に考えてみると、彼の政策は、ほとんどが失敗しているんです。それどころか、四半世紀にわたる自民党の代議士時代にも、まともな実績は一つも残していない。でも、そんな三流の政治家が、失敗をさらに繰り返すことによって、さらなる支持層を獲得している。おそらく、今の四〇代、五〇代のサラリーマンのルサンチマンに、彼の失敗は直に訴えかけているんじゃないでしょうか。

たとえば四〇〇〇万円を借金して、六〇〇〇万円ぐらいのマンションを購入したとします。今ではその不動産価値が、半分になってしまっている。給料も二〇年前に期待していたほどには上がらず、しかも、リストラや出向の煽りで、借金はほとんど返せていない。仮に定年までに返済できたとして、そのときにはもっと資産価値は下がってしまっているだろう。これでは、雇用がある程度安定していても、ぜんぜん帳尻が合わないんです。

テッサ おそらくそれには、日本企業の年功序列、あるいは終身雇用制の崩壊と関係があるのでしょう。四〇代から五〇代にかけてのサラリーマンは、若いときには薄給で働いていたはずです。それは何よりも将来のためでした。多額の借金をして購入した不動産の価格は、どんどん上がるはずだし、退職金も当然もらえるはずだと、誰もが信じていました。でも、その努力がほとんどムダだったわけでしょう。購入した住宅は「残債割れ」になってしまったし。

姜 ムダどころか、マイナスなんです。四〇代、五〇代の男性の自殺率が高まっている背景には、経済的な要因が多大にあると思いますね。将来的に資産が大きくなる可能性はゼロどころか、マイナスになる可能性が高い。雇用状況も芳しくない。しかし、転職した場合、明らかに所得が下がってしまう。そうすると不安でしょうがない。

テッサ そして、そういう中産階級の人たちとかマジョリティの一部が、いったい自分たちの権利はどうなるのだと感じる。それが、石原発言を後押しする——。

姜　そういうことなんです。結局、資産インフレをつくりだして、みんなをマネーゲームに駆り立てた犯人探しをします。すると、田中角栄に代表される自民党の土建国家づくりが、浮き上がってくるわけです。石原慎太郎の存在は、それに対するアンチテーゼなんですね。

▼東京では、地方からの「移民」一世と二世間で、階層の再生産がうまく機能していない

姜　日本では、高度経済成長期から七〇年代にかけて、多くの人たちが、地方から東京に上京してきました。東京の空間でとらえた場合、彼らはいわば、地方からの「移民」一世なんですね。そして、彼らの子供たちの多く、つまり二世たちは、今、大学を卒業するかしないかくらいの年代になっていると思います。

もともと何世代も前から東京に住んでいた人たちも含めて、都市型の中産階級は、比較的教育水準も高いし、彼らの子供たちにも、少なくとも自分と同等か、それ以上の階層にランクアップしてもらいたいと考えているでしょう。でも、階層の再生産を実現させるために、住宅資産のデフレに喘ぎながら、教育費などで莫大な先行投資を強いられるわけです。しかも、その成功は保証の限りではなくなっている。

もちろん、職業、所得、資産、教育、社会保障制度等、もろもろの要素を複合的に分析した際に、戦後日本の都市社会に、階級の再生産がほんとうに存在してきたのかどうか、論者によ

っても意見が分かれるところでしょう。でも、僕自身の感覚としては、そうした再生産のサイクルは、ある程度はあったのではないかと思うんですね。しかし、それが、長期的な経済不況のなかで、うまく機能しなくなっているのではないか。

そんな状況下で、石原慎太郎に対する好感度が高まっている。何よりもそれは、彼らの一家の世代間の階層再生産が、うまくいっているからではないかと感じています。

テッサ 石原ファミリー（笑）。

姜 そうそう（笑）。まさに、石原ファミリーっていうのは、世代間の階層の再生産が、絵に描いたように、うまく機能した一家でしょう。これは、オーストラリアのポーリン・ハンソンには当てはまらない特徴だと思います。

テッサ 彼女の場合、ちょっと違いますね。オーストラリアの場合も、グローバル化による雇用状況の変化もあって、都市型中産階級の未来には、もちろん、不透明な部分がたくさんあります。とくに中高年の人たちの不安感は、増大傾向にあるでしょう。でも、逆にいえば、若い人には終身雇用の幻想は初めからありませんから。日本の若者にも、似たような意識があるのでしょうね。

また、オーストラリア国内で職がなくても、英語圏全体という視点に立てば、職業の選択肢は日本より多いわけです。可能性のイメージが広いという意味では、都市型中産階級の問題は、日本ほど深刻ではありません。

それよりは、鉱山労働者のような、伝統的に高給の労働者階級の人たちの不安のほうが大きいでしょうね。昨日お話しした、世界的な新分業体制の進行で、労働組合も衰退傾向にあるし、再就業先の観光産業なんかも、非常に不安定な仕事です。それに、地方都市で小さな飲食店を経営しているような人たちも、マクドナルドのような多国籍企業との競争で、大きなプレッシャーを受けています。ちなみに、ポーリン・ハンソンの両親も、彼女が有名になってから、フィッシュ&チップスの店を出したのですが、あんまりうまくいかなかったようですね。

▼石原ポピュリズムの特徴――逆・毛沢東主義、つまりは、地方切り捨て

姜　東京都の経済成長率は、現在、毎年一パーセントから二パーセントの間で、ほとんど横ばいか、事実上のマイナスでしょう。それが一〇年以上続いてる。これは、OECD（経済協力開発機構）のなかでは、もっとも低い成長率なんです。こういうなかで、石原慎太郎を支えているシンクタンクが、逆・毛沢東[41]主義――逆マオイズムということをいいだしているんです。

テッサ　どういうことですか？

姜　つまり、毛沢東は、地方でのゲリラ戦の積みかさねで都市に迫り、最終的には国民党をぜんぶ追いだしてしまったんですね。しかし、石原がいっているのは、「われわれは、都市であり、地方を逆に包囲する」ということです。今までの土建国家体制では、税金は、どんどん地方の公共事業に流れていってしまう。そのような非生産部門に、なぜ財源を投入するのか、と。

戦略的にいうと、これは完全に地方切り捨てで、福祉国家構想の否定です。そして、もっと生産部門に税金を投入しなければならないといいながら、できあがったのが六本木ヒルズ（笑）。

テッサ　信じられないですよ、六本木ヒルズは（笑）。

姜　最近、東京の再開発が異常なまでに進んでるでしょう。ものすごい高層ビルがあちこちに建って。実際、かなり空きが多いらしくて、テナントの募集にも苦労しているみたいです。もちろん、プロジェクトとしては、石原以前からあったんです。でも、この光景は、石原のめざす政治のイメージを、もっとも象徴的に現しています。そうすると、石原による東京都政と地方政治との衝突が、いくつかの場面で出てくるようになりました。

たとえば、ホテル税。石原は、東京都内のホテルに一律税金を課す、といいだしました。それに対して猛反発したのが、地方自治体の知事だったんです。彼らは当然、地方から東京にやってきて、永田町やいろんなところで陳情をしたり根回しをしたり、いろいろなことをやります。そのとき、都内のホテルを使わざるをえないわけです。その税金は、東京都がぜんぶ独占するというんですね。結局、日本全体のパイが少なくなってきているなかで、大都市だけが生き残るという考え方なんです。

実際、地方と大都市の格差は、どんどん広がっています。貧富の差も大きくなっている。それにもかかわらず、国民全体を代表しなければならないというような価値観が、ますます強まっています。

▼企業資本主義とデモクラシーの原理を切り離すこと

テッサ　ここで、ちょっと大げさになってしまうかもしれませんが、近代の企業資本主義について考えてみたいですね。それはどのような構造になっていたのか？　企業は将来を担保にして、商品を開発します。将来はもっとパイが大きくなっているはずだという未来への想定をもとに、資金を投資するんですね。成長がなければ、資本主義は成立しえません。それについては前述の『自由を耐え忍ぶ』のなかで検討しています。

デモクラシーにも似たところがあります。それは、未来への約束なんです。未来はもっとよくなるはずだという希望こそが、人々を主体的な社会参加へと誘うわけです。

しかし、冷戦構造が崩壊して、資本の原理とデモクラシーの原理を、まったく混同させてしまったのですね。経済をなるべく自由化し、活性化することが、バラ色の未来へいたる道だというように。しかし、それは「永遠の経済成長」がなければ成り立たない、架空の想定です。

姜　当然そうです。

テッサ　「永遠の経済成長」の幻想にともなって、オゾン層の破壊をはじめとするグローバルな環境破壊が出てくるし、軍産複合体や石油資本の暴走で、イラク侵略のような惨禍も起きてしまった。そうすると、未来への約束の一点で癒着した、企業資本主義とデモクラシーの原理を、今後は、きっちりと切り離して考えなければ問題の解決にはなりません。

姜　今、未来が閉ざされていることを、もっとも切実に感じているのは、やはり、都市型の中産階級でしょうね。東京への「移民」一世の二世に対する未来の期待が、今、風前の灯火にあるわけです。それが、ポピュリズムの温床になり、非国民への憎悪の源泉となってしまう。テッサさんがおっしゃった、民営化をはじめとする「市場の社会的深化」への抵抗と、企業資本主義とデモクラシーの原理を分けて考えること。この二点は、二一世紀のデモクラシーを考える際に、常に立ち戻らなければならない地点でしょう──。

（太陽が水平線近くまで傾き、いつの間にかビーチに人影がまばらになっている。）

テッサ　あら、ほんとう。もうこんな時間なんですね。Oさんは、まだ水死体倶楽部をつづけているのでしょうか。

姜　──テッサさん、そろそろコテージに戻って、夕ご飯の準備をしませんか。

姜　さすがに、ホテルのティー・ラウンジで涼んでいるのかもしれませんね。いやぁ、それにしても、仕事抜きのおしゃべりは、ほんとうに気楽です。

テッサ　ええ（笑）。今、話したことは、明日の午後にでも、もう一度整理しましょうね。

姜　わかりました。では、僕はちょっと、シュノーケル用具をレンタル店に返却してきますから、テッサさんは先に、ティー・ラウンジで休んでいてください。

（姜尚中とテッサ、その場を離れる。数分後、二人が座っていたデッキ・チェアの脇に置かれたOのナップザックのなかから、ガチャッという機械音がする。）

ハミルトン島　コテージ前の海岸にて

第四章　直接民主主義と間接民主主義

――デモクラシー思想の歴史と「外国人」

（二〇〇三年一二月八日午後　ハミルトン島　コテージのリビングにて）

▼時には歴史の話を

姜　早いもので、今日がハミルトン島で過ごす最終日なんですね。明日の午後には、O君は日本に戻り、われわれはテッサさんのパートナーが待つ、キャンベラのご自宅へと旅立つことになる――。テッサさん、この島で過ごした時間のことを、僕は忘れません。ほんとうにいろいろとありがとうございました。

テッサ　いいーえ！（天使のような笑みを浮かべ）喜んでいただけて何よりです。そういえば、昨日のシュノーケリングで、姜さんもちょっと日に焼けたみたいですね。島に来たころはまだ、日本に残してきた仕事のことをどこかに引きずっていらっしゃるような感じでしたけど、ようやくバカンスに馴染《なじ》んできたご様子です。

（昨日よりもさらに真っ黒に日焼けした担当編集者O、キッチンから登場。コーヒーを三つ盆にのせて運んでくると、おもむろにテープ・レコーダーをセットしはじめる。)

姜　……O君も、「バカンス」を楽しんでいるのかい。

テッサ　ほんとうに、三人いっしょで楽しい日々でしたねぇ。

姜　いや、そういう意味じゃなくて……。

テッサ　じゃあ、テープも回っていることだし、そろそろ始めましょうか。

姜　えっ！（裏切られたという表情を浮かべ）テッサさん、そのパターンは……、今日は、ハミルトン島滞在の最終日でもありますし、もう少しゆっくりしてからでも……。

テッサ　昨夜、Oさんともちょっと相談したのですが、このあたりで、私たちなりに、デモクラシーの思想史をたどりなおしてみたほうがいいように思うのです。それは、必ずしもオーソドックスな教科書である必要はありません。

私がレジュメで示した見取り図は、あくまでもフリートークのための叩き台にすぎませんし、時系列に沿ってお互いの思いつきを語りあいながら、従来の思想史とは少々異なった光景に出会うことを、私はむしろ期待したいです。現在のデモクラシーが機能不全に陥っているのだとしたら、これまでの歴史が見落としてきたもののなかにこそ、突破口が隠されているかもしれません。

姜　あの、ちょっと待ってください……。テッサさんがレジュメをつくってくださるとはうかがっていましたが、冒頭部以外は、まだ受け取っていませんよ。

（担当編集者O、日焼けで真っ黒な顔を青くする。）
テッサ　いえ、メールで送り、念のためファクスでも送りました。
姜　……パソコンはクラッシュでした。ファクスはどこに送りましたか？
テッサ　ご自宅のファクシミリも不調だとうかがっていましたから、研究室のほうに送りました。
姜　東京大学の？
テッサ　ええ、もちろん。
姜　ああ、それじゃあ……。（口のなかでぼそぼそとつぶやく。）
テッサ　大丈夫です！　ここにコピーがありますから。
（といって、バッグからレジュメの控えを取り出し、姜尚中に手渡す。）
それでは、始まったばかりですが、いったん休憩としましょうか。私たちはベランダでコーヒーを飲みながら、イルカを眺めています。それでは、一五分後にまた。（ニッコリと微笑む。）
姜　はい……。
（担当編集者Oも、コーヒーカップを手にして、テッサの後につづく。姜尚中、レジュメを手にしたまま、ただ一人、リビングに取り残される。）

▼デモクラシーの対談に関するレジュメ（日本語訳）——あるいは、デモクラシーのオーソドックスな歴史の見取り図

1　デモクラシーの歴史

デモクラシーの入門書といっても、従来の西欧デモクラシーの文脈とは違った可能性を検証する一冊にしたい。

とりあえず、オーソドックスなデモクラシーの歴史を、議論のための「覚え」として教科書的に箇条書きする。以下は、あくまでも叩き台としての歴史です。私が注目する論点は、主に二つ。「直接民主主義と間接民主主義」、それから「デモクラシー概念の徹底的な読み替え作業」です。

A　直接民主主義から間接民主主義へ

①古代ギリシャ（クレイステネス、アリストテレス[1]）

直接民主主義のモデルではあるが、選挙権や被選挙権があったのは、ポリスのすべてのメンバーではなかったことは忘れてはならない。奴隷や、何よりも女性は、政

治の場から排除されていた。

②啓蒙期（ジャン＝ジャック・ルソー[2]、ジョン・ロック[3]）

ルソーの議論は、間接民主主義ではなく、古代ギリシャと同様に直接民主主義を基盤にしていた。ちなみに、ハンナ・アーレント[4]は、「ルソーの社会契約論（国家は、小さな都市国家の集合体）には全体主義の芽が存在する」と指摘した。いろいろと議論を呼ぶ思想家だが、直接民主主義を重視していた点は注目に値する。

また啓蒙期での重要な思想は、ジョン・ロックらによる「権力の分立」の概念の誕生であろう。ここで、立法府と行政府の権力が分離された。

③アメリカ革命（アレグザンダー・ハミルトン[5]、トマス・ペイン[6]）

直接民主主義から間接民主主義への移行期であり、このころ、三権分立[7]をはじめとする現行民主主義国家のモデルが理論的に整備された。フランス革命以後の国民国家成立期にあって、ポリス単位では可能だった直接民主主義の実現は、困難になりつつあった。一九世紀に間接民主主義の議論は、さらにジョン・スチュワート・ミル[8]などによって展開された。

④一九世紀の間接民主主義批判（アレクシス・ドゥ・トクヴィル、カール・マルクス、フョードル・ミハイロヴィチ・ドストエフスキー[9]）

フランス革命勃発当時からエドマンド・バーク[10]のような批判者が存在していたよう

に（『フランス革命の省察』）、間接民主主義が確立する時期には、早くもそれに対する批判もあった。その批判を展開した人たちのなかで、注目すべき三人。

●アレクシス・ドゥ・トクヴィル（アメリカ民主主義のある面を評価しながら、多数派による僭主《せんしゅ》政治(11)への警鐘を鳴らした）。

●カール・マルクス（民主主義が経済の領域にまで行き渡らなければ意味がない）。

●フョードル・ミハイロヴィチ・ドストエフスキー（『カラマーゾフの兄弟』における大審問官の神話。ユートピア思想への批判。政治へのシニシズム）。

⑤二〇世紀の間接民主主義批判（カール・シュミット(12)、リー・クアン・ユー(13)）

二〇世紀に入ると保守派から、次のような批判があった。

●カール・シュミット（民主主義に中身や意味があるのは、君主制主義者による専制政治への反対の局面においてのみ）。

●リー・クアン・ユー（アジア的価値。デモクラシーは西洋だけの特殊な概念とする主張）。

⑥世界中に広がるデモクラシーの思想（ガンジー(14)、ネルー(15)、マンデラ(16)）

⑦日本におけるケース（植木枝盛《えもり》(17)、矢内原忠雄(18)、丸山真男(19)、久野収(20)）

●植木枝盛（民権主義者）。

●矢内原忠雄（自由主義者）。

●丸山真男（大戦後の理論）。
●久野収（市民主義）。
⑧間接民主主義の勝利？（フランシス・フクヤマ、ロバート・ダール[21]）
冷戦体制崩壊後、マルクスのヴィジョンは死んだのか。
●フランシス・フクヤマ（自由民主主義の勝利）。
●ロバート・ダール（間接自由民主主義は不完全だが、最小限の悪）。

B　デモクラシーの読み替え

⑨コミュニケーション理論の用語で、デモクラシーを再解釈する（ユルゲン・ハーバーマス[22]）
●ユルゲン・ハーバーマス（開かれた、自由な、熟考された議論はいかにして創造できるのか）。
⑩ラディカル民主主義（シャンタル・ムフ[23]ほか）
多文化主義やマイノリティの権利が、この二〇年間、民主社会において議論の前線だったとする立場。
●シャンタル・ムフ（民主主義とは、異なったグループ同士の終わらぬ闘争とする考え。これにより、少数者が政治参与するチャンスが理論的に析出される）。

⑪グローバリゼーションとデモクラシーの関係を理論的に追究する立場（デイヴィッド・ヘルド[24]、リチャード・フォーク[25]）

デモクラシーの代議制度をグローバルレベルに広げるべきであるとする主張。二一世紀における中心的課題は、グローバリゼーションの進行に対応し、国民国家の慣習に基づいた民主主義を調停すること。

⑫共産主義の崩壊後、経済面のデモクラシーの探求をつづける人たち（ポール・Q・ハースト[26]、アントニオ・ネグリ、ジョルジュ・アガンベン[27]）

●ポール・Q・ハースト（民主主義の連合）。

●アントニオ・ネグリ（イタリア・マルクス主義）。

●ジョルジュ・アガンベン（人権概念の再検討）。

2　イラク戦争と二一世紀のデモクラシー

イラク戦争最大の問題は、グローバルな規模におけるアメリカの軍事力の行使が、アメリカの選挙民の判断にのみゆだねられている点だった。ここから、二一世紀のデモクラシーの原則を模索することは可能ではないか。

a　政府の活動によって影響をこうむる人間には、その政府に対する選挙権を保有する権利をもつ。

b　暴力の行使権をもつ政府は、その行使に際して法のルールを遵守する。

すなわち、aにより、アメリカのイラク侵略はデモクラシーのルールに沿わなかったこと、およびbによって、アメリカの軍事力を抑制する国際的な法の不在を証明する。

3　デモクラシーの基本をどこにおけばよいのか

金大中《キムデジュン》から[28]リー・クアン・ユーへの書簡が示唆的。次のような一節があった。「民主主義は世界史の産物である。"Made in the West"（欧米産）ではない」。

ギリシャにその基礎を求めず、たとえば、ファーティマ・メルニーシ[29]の『イスラームと民主主義』のような著作からデモクラシーの基本を探すのはどうか。『イスラームと民主主義』は、イスラムの理想として、絶大な権力をもつ宗教指導者でも、その力を無限に行使できるわけでないことが示唆される。権力者は常に民衆を恐れる。コミュニティの構成員は、自分が影響を受ける事柄について議論に参加する。

同書から、デモクラシーの二つの重要な基本概念を考察していく。

＊権力者の権力行使の制限をどう徹底すべきか。

＊コミュニティのすべての構成員が、自由な議論を通じて、重要な社会的事柄の決定に参加すること。

4　2と3から、二一世紀における人権宣言を作成することは可能か？

▼プラトンの哲人王を待ち望む雰囲気の蔓延

テッサ　それでは、まず手始めに、オーソドックスではありますが、古典ギリシャ時代からスタートしませんか。レジュメの主張とは矛盾しますが、姜さんが、昨日のディナーの際に、プラトン(30)の哲人王に関しておもしろいことをおっしゃっていたので、是非ともそのあたりからお話しいただきたいのです。そのときはめずらしくテープが回っていなかったようですし（笑）。

（担当編集者O、傍らで、沈痛な表情でうなずく。）

姜　わかりました（笑）。では、昨夜の雑談を思いだしながら——。

古代ギリシャの哲学者プラトンが、その著書『国家』のなかで、「哲人王」による国家統治のことを描いているでしょう。つまり、幼少のころから厳しいエリート教育を受けた君主が哲学者になる以外に、人々から不幸をなくすような政治形態はありえないとする主張のことです。『国家』には、この哲人王の記述以外にも、妻子や財産の共有や、詩人たちの国外追放等、後世のさまざまな曲解や、あるいは極端な理想化の対象となるような具体的な政策がたくさん出てきますよね。

ともあれ、プラトンは、デモクラシー政体に対する懐疑を、終生捨てることはありませんでした。その背景に、ペリクレス(31)亡き後のアテナ民主政権の荒廃ぶりと、その権力抗争のあおりで紀元前三九九年に師のソクラテス(32)が死刑判決を受けるという衝撃的な体験があったことは、よくいわれています。

さらに、プラトンの弟子であり、その理論の根本的な点で対立することも多いアリストテレスにも、デモクラシー政体に対する冷ややかな目線は受け継がれています。たとえば、『政治学』のなかには、次のような一文が出てきます。

「良き君主制は良き貴族制より優れ、良き貴族制は良き共和制より優れ、良き共和制は悪しき共和制より優れ、悪しき共和制は悪しき貴族制より優れ、悪しき貴族制は悪しき君主制より優れている」

ちょっとわかりにくいので、アリストテレスがここで挙げたさまざまな政治形態を、この記述に従って良い順に並べてみると、次のようになるんですね。
①良き君主制。②良き貴族制。③良き共和制（民主主義）。④悪しき共和制（衆愚政治）。⑤悪しき貴族制（寡頭制《かとうせい》）。⑥悪しき君主制（僭主制・独裁制）。
もちろん、アレクサンドロス大王(33)の家庭教師であったアリストテレスにも、君主制がはらむ

負の側面に対する警戒心も濃厚にあったことは事実です。ちなみに、哲人王の到来を謳《うた》い上げたプラトンでさえ、晩年になると、やっぱりその実現は難しいといって路線転換し、法秩序による統治を強調するようになりました。

ここで、アリストテレスの分類を借りるならば、現在の日本や西欧先進国家の政治体制は、これはもう、④の悪しき共和制（衆愚政治）ということになっているのではないかと思うんですね。あるいは、これまでの議論を踏まえるならば、⑤の悪しき貴族制（寡頭制）の同時進行ともいえるでしょう。グローバル権力の帝国的な一極化を擬人化するならば、⑥の悪しき君主制（僭主制）の出現という側面もあります。

とにかく、僕には、昨日話題にした、ワンフレーズ・ポリティクスの蔓延が、ソクラテスやプラトンが批判した同時代の詭弁《きべん》家たち、すなわち、ソフィストたちのおしゃべりのように感じられてならないんですね。しかも、そうした状況に、とくにメディア関係者たちが、無意識のまま加担してしまっているんです。

タテマエでは、今のデモクラシーは③の良き共和制（民主主義）ということになっている。けれどももう、みんなは薄々、自分たちが暮らしているこの世界が、④の悪しき共和制（衆愚政治）に完全に呑み込まれてしまっていることに気づいているのではないか。そこで、哲人王を待ちわびる雰囲気が醸成されてしまっているように思えるんですね。

▼決断主義

姜　僕から見ると、最近の政治の世界は、グロテスクな形でプラトンが夢想していた方向にどんどん傾いているような気がします。たとえばそれは、人民投票の結果選ばれた一人の賢者による専制支配への待望論のようなものなんです。日本でも、大統領制への移行が一部で囁《ささや》かれはじめていますし、恐ろしいことに、それさえもある種のデモクラシーなんですね。

ご存じのように、ドイツの政治学者カール・シュミットは、ワイマール期の多党乱立による政局の混乱のなかで、議会主義や多元主義に対して徹底的な批判を展開し、決断主義的な政治を強く求めたでしょう。一九三三年には政権を掌握したばかりのナチスに入党し、理論的側面でナチズムに加担した彼がさかんに用いたレトリックは、「議会はおしゃべりをして、決断を先延ばしにしている」というものでした。その「決断」という言葉が、日本でよく使われるようになっている。

テッサ　不愉快な顔が、何人か思い浮かびますね（笑）。

姜　「国民の負託のもとに、私が決断しました」と誰かさんがいっている姿は、すぐにでも脳裏に思い描くことができるでしょう。常に我慢が強いられる社会では、ある意味、決断主義的な議会や政治というものが、いちばん受けがいいんですね。これは、一昨日話した「効率性」という言葉の蔓延ともつながる事態です。

テッサ　日本の憲法の議論でいえば、密室で「平和憲法の改正」は既定路線としてできあがっているにもかかわらず――つまり、「決断」はできあがっているにもかかわらず、それをごまかすために、肝心の議会で曖昧な答弁を繰り返しているという側面はあります。決断主義とは常に、そのようなごまかしを隠蔽するものです。「国民の負託」をもとにした政治的決断主義などありえません。イラク侵略の政策決定主体は、軍産複合体と癒着したブッシュ政権の上層部やネオコン(34)の利権でしかないし、それも、国際協調（議会主義）を無視して断行された一つの決断主義でした。

▼デモクラシーは爆弾とともに空から降ってくる

姜　テッサさんもそうだと思うし、僕にも、デモクラシーに対する思い入れがある。それはいってみれば、他者への信頼感のようなものです。僕は、生来、人は誰でも自分たちが暮らしている社会を少しでもいいものにしたいと思っているし、現行の民主的な諸制度は、人々の内側から湧きでた前向きな力によって自発的にできあがっていったというイメージが、依然として強くあります。

テッサ　ただ、私自身は、これまでのデモクラシーをあまり理想化したくないと感じます。政治に対する無関心とか幻滅は、おそらく昔もあったはずです。そして、西欧に限らずとも、民主主義の理想に通じる試みは世界中でなされてきたでしょう。むしろ今は、デモクラシーのもっとも根源的な原理とは何かという点を、もっと大きな目でとらえる必要があるように思います。

たとえば、「政治権力をもっている人たちは、自分勝手にその力を使ってはいけない」というような原則は、西欧以外にもいくらでもあります。逆の視点から眺めると、権力をもたない人々が、民主的な制度を自発的に獲得していった痕跡も、世界中にあるはずです。

デモクラシーは西欧世界の独占物だという意識を強くもちすぎると、非常に倒錯的な暴力性を発動する危険が高まってしまいます。その兆候はもう、アメリカに顕著に現れていますね。「われわれは、あなたに民主的になってもらいたい。もしもならなかったら、殺す」と（笑）。

姜　そのとおり（笑）。それがまさに、イラクだったわけですよ。

テッサ　そもそも、西欧中心主義的な垂直の時間軸——つまり、進化論的な発展史観を引きずったままでは、どうしても上から落とすデモクラシーになってしまうでしょう。アメリカは文字どおり、クラスター爆弾[35]や劣化ウラン弾[36]をはじめとする非人道的な大量破壊兵器を、「民主化」のためにイラクの大地に落としつづけています。

▼人間のなかに秩序はない

姜　その「不朽の自由作戦」や「イラクの自由作戦」を主導したネオコンのなかには、レオ・シュトラウス[37]というユダヤ系の学者の教え子が、含まれているんです。

そのレオ・シュトラウスが非常にこだわったイギリスの政治哲学者に、トマス・ホッブズ[38]がいます。これからのデモクラシーを考えるうえで、この一七世紀のピューリタン革命[39]期の思想家は、非常に重要な存在だと思います。

神殺しという問題がありますよね。デカルト[40]が『世界論』の序文（『方法序説』）において、ロゴス（logos ギリシャ語で言葉・意味・論理）による神の存在証明を試みたことが、近代哲学のはじまりといわれているように、神亡き後に、世界の秩序をどのように認識するか、あるいはそれをどうやってつくりだすかが、西欧近代の最大の課題なんですね。

その神殺し以前の時代には、自然法[41]という考え方が支配的でした。それは、キリスト教神学の連綿たる流れのなかで形成されたもので、簡単にいうならば、「人間は、聖書による直接の助けがなくても、人間の本性や自然をじっくりと観察することにより、神の存在や、客観的で絶対的な正義を認識することができる」というような価値観を前提にした法秩序です。ちなみに、こうした自然法的な考え方も、必ずしも西欧に特有のものではなく、それ以外の地域にも存在しています。

しかし、ホッブズは、こうした自然法的な世界観を根幹から揺るがすような疑惑を抱きました。彼は、こんなふうに考えたのです。

人間のなかに、そうした秩序の種のようなものがほんとうに眠っているのだろうか。それどころか、自然状態におかれた際、人間はみんな、自己保存の欲望が生みだす「万人の万人に対する闘争状態」に陥ってしまうのではないか――。

テッサ　ホッブズの場合、同時代のロックとは、思考の出発点が逆でした。ロックは、自然状態におかれた人間たちに対して、もっと楽観的なイメージを抱いていたはずです。

姜　そうですね。ホッブズは、「人間存在の本質的な暴力性を認めたときに、自然法とまったく違った世界秩序はどのようにしてありえるのか」という問題を、大著『リヴァイアサン』のなかで綿密に考察したわけですが、そこで彼が取ったのは、まず試しに自然状態におかれた人間たちのエゴイスティックな行動を「自然権」として積極的に認めてみようという戦略です。

しかし自然権を暴走させていくと、「万人の万人に対する闘争状態」になり、自己保存の欲望の基盤そのものを破壊することになってしまう。だから、自己本位の自由はまったくダメで、平和の獲得と真の自己保存のためには、「自然権」の一部をおのおのが相互に放棄しなければならないということになるんですね。ある種の武装解除です。そして、「自然権」の一部放棄という、人々の約束（契約）を成立させるためには、共通権力を析出せざるをえなくなる。

ホッブズの非凡な点は、当時の国王や教会、あるいはまだ民主的に整備されていない時期の議会の上位に、より強大な権力を構想したことでしょう。それは、共同体の全構成員の力を結集した、いわば絶対的な国家主権であり、ホッブズはそれを、旧約聖書に登場する水棲の怪獣「リヴァイアサン」に喩えました。

この人民主権的なモチーフは、後にルソーの『社会契約論』に受け継がれていくわけですが、とにかく、ホッブズによる人間存在の根源的な暴力性という想定は、九・一一以降の世界に、不気味なくらいにフィットしているんですね。とくに、政治家やメディアは、そうした「万人の万人に対する闘争状態」というイメージを、あたかも強迫観念を与えるように日常的に繰り返しているでしょう。

テッサ テロリストという言葉の氾濫は、まさにそれを煽っています。

姜 だから、「イラク人のイラク人によるイラク人のための民主主義」といっても、アメリカというリヴァイアサン的な超権力がドカンと上に居座っているという図が、すぐに思い浮かんでしまうんですね。

▼ホッブズと歴史の忘却

テッサ ホッブズが生まれたのは一五八八年ですが、これはちょうど、イギリス海軍がスペインの無敵艦隊と衝突した年なんですね。ホッブズ自身の説明によれば、スペイン艦隊来襲の報に驚いた母親が、彼を早産したのだといいます。

一六七九年に九一歳で没するまで、彼が生きた世紀は、一六四〇年にはじまるピューリタン革命をひとつのクライマックスとする、プロテスタント内部での主導権争いを含む宗教的抗争が激化した時期でもありました。イギリスとオランダ間では、三度も戦争が起きています。

ちなみに、ロックはホッブズよりも年下で、一六三二年生まれです。没年は一七〇四年。彼も、一六八八年の名誉革命[42]によって亡命先のオランダから帰国するなど、ホッブズと同様、混乱の時代を生き抜いた思想家です。

とにかく、ホッブズが生きた時代は、政情が不安定で、現代に通じるようなセキュリティへの関心も、非常に高まっていた時期だと思うのです。宗教勢力同士による泥沼の抗争の背景には、姜さんがおっしゃったような神殺しの問題も、潜在的には当然あったでしょう。そこで、ホッブズは、何の秩序もない「自然状態」というものを想定しました。でも、放っておけば「自然状態」になるというこの想定こそ、まったくのフィクションなのです。

ホッブズの議論は、社会的な秩序がまったく存在しなくなった世界に、万人の契約を通じて平和を取り戻す、というような流れで展開されるのですが、そもそも人間とは「ポリス的動物」であって、社会がなければ生きてはいけない存在でしょう。

姜　おっしゃるとおりです。たとえば、第二次大戦直後の日本でさえ、社会的な諸機能は存在していました。

テッサ　だから、「架空の自然状態のなかにどのようにして社会をつくっていくか」という発想よりも、このようなつながりのなかで生活しているわけだから、すでに存在している社会を、私たちは今、自発的にどのように変えていくかという考え方のほうが、重要だと思います。ホッブズの著作を読んでいていつも感じるのは、歴史の忘却という現象です。彼の議論には、どうして現在がそういう困難な時代になっているのかという分析はほとんど出てこないでしょう。つまり、歴史的な考察が不在なのです。

姜　そういえば、ルソーは『人間不平等起原論』のなかで、こんなことをいっていますね。

「本来、人間は善良である。私はそれを論証したと信じている。ではこれほどまで彼を堕落させたものは、彼の組成中に生じた変化と、彼の行なった進歩と、彼の獲得した知識でなければいったい何であろうか」

　彼の説明によると、人間はもともと不平等など存在しない原始共産的なユートピアで暮らしていたんだけど、歴史的進歩という堕落の果てに専制社会が到来し、不幸な時代に突入してしまったということなんですね。ルソーは、ホッブズとは違って自然状態を極度に理想化していました。しかし、理論構築の根底に、自然状態というフィクションを据えている点で、両者に共通項はあると思いますね。

テッサ　自然状態というフィクションで歴史をすっかり覆い隠し、そこにどうやって秩序を打ちたてるかという問題だけがクローズ・アップされました。これはある意味、権力側にとっては非常に都合のいいロジックです。

　今のイラクに関する議論もまったく同一です。「自然状態」さながらのバグダッドに、リヴァイアサンのような秩序をどうやって構築するかという話ばかりで、数百年にわたる中東における植民地主義の歴史はいっさい表に出てきません。アメリカやイギリスのエリートは、その問題の核心に直面することを常に避けたがるし、それどころか、イラク攻撃の根拠である大量破壊兵器の存在さえ、不問に付されている状態です。イラクの「自然状態」は、グローバル権力による不当な暴力行使の結果であるにもかかわらず、です。だから、デモクラシーにとって歴史の検証は、常に最重要な問題なのです。

姜　たしかに、ホッブズやロック、そしておよそ一世紀後のルソーによる社会契約論的なモデルは、デモクラシーと歴史の複雑な関係をかなり抽象的なレベルに押し込んでしまっていますね。とくにホッブズは、デカルトと並んで、機械論的な方法論を通じて人間や社会を解釈しようと試みた、最初期の思想家でもありました。

でも、当たり前だけど、人間はそういう抽象的な理論から演繹される存在ではないし、歴史的に形づくられてきた社会的背景や、各個人の無数の記憶の積み重ねによって、今の現実があるわけですよね。

▼バークと歴史の復権

姜　だから、僕は、デモクラシー理論には二つのタイプがあると思います。一つは、歴史を忘却することによって成立しているタイプ、もう一つは、現状の原因を探っていくなかで歴史の問題に直面するにいたったタイプ。前者の典型がホッブズだとすれば、後者の代表はバークということになるでしょう。

バークは、ルソーと同時期に活躍した一八世紀イギリスの保守的な思想家で、フランス革命を徹底的に批判したことで有名です。後世の近代保守主義の古典となった『フランス革命の省察』で彼がいっているのは、現在の問題を解決していく鍵は歴史のなかに宿っているということです。

そもそも人間は認識能力や道徳などあらゆる側面で不完全な存在であり、複雑な世界を合理的にコントロールすることなどできない。ひとたび伝統を失った社会というのは非常に暴力的になってしまう。だから人間は、自然法的な神の法が定めた秩序に従わなければならない。

今、ネオコンがイラクでやっていることは、究極の歴史忘却です。そういう意味でも、非常にホッブズ的で、それまでの中東の歴史などいっさい関係がなく、自分たちの頭のなかにある設計図を一方的に押しつけるだけでしょう。ネオコンも一つの保守主義なんだけど、近代保守思想の源流であるバークの元来の主張とまったく逆のことをやっているのは、非常におもしろいですね。とにかく、デモクラシーと歴史の忘却がむすびついたときに、これほど強大な暴力が発現することを、忘れてはならないでしょうね。

テッサ 歴史を忘却したフィクショナルな社会モデルに、長い間、抵抗しつづけてきたのが、マルクスでした。社会契約的な世界像はブルジョワジー[43]によるプロレタリアートの搾取や階級闘争を隠蔽しているという主張は、バークとはまた違った回答だった。

姜 しかし、それも社会主義の崩壊後、急速に力を失ってきたんですね。

テッサ 逆に、バーク的な回答は、九〇年代以降、グローバリズムに対する民族主義的な抵抗という形で、むしろ流行しています。ですから、私たちは今、マルクスでもバークでもない、まったく新しい歴史的な回答を、ふたたび構築しなければならないのだと信じます。

▼ルソーの可能性——暮らしのなかからデモクラシーを考えること

テッサ 先ほどちょっと話題にしたルソーですけど、最近、私は彼のことを非常におもしろい存在だと感じています。もちろん、学生時代にも授業で読まされたりしたのですが、そのときは強い違和感を覚えた記憶があります。というのも、『社会契約論』を読むと、非常に全体主義的な箇所があります。個人のあらゆる権利は「共同の自我」のなかに包み込まれるというような、とても怖い話が出てきますし。

姜 たしかに、今のアメリカには、デモクラシーの一つの帰結として、すべての行動を「共同の自我」に預けて、みんなが見張られるというような、超監視社会的な状況がありますよね。ある意味、それをルソー思想の極限形態ととらえることも可能でしょうね。

テッサ そうですね。でも、それにもかかわらず、私は、ルソーの思想にはある意味、可能性があると感じます。彼がいっているのは、突きつめてみれば、みんなが参加しないとデモクラシーではないということです。そして、参加するということは、生産することなのです。決して消費するのではない。

姜さんが岩波書店から出したご本で『暮らしから考える政治』というのがありました。私も、いきなり「イラク戦争」や「ネオコン」から出発するのではなく、周囲の営みをもっと深く眺めることによって世界をどうやって変えていくかを考えるべきだと思います。デモクラシーとは、本来そういうものです。たとえば、海外旅行が好きな人は、自衛隊派遣によってテロの対象になる危険性が高まります。そんなのはご免だといって、戦争参加に反対する。日常的に使用するパスポートやビザを丁寧に眺めてみると、移民や国籍の問題も浮かび上がってくる。そういった観察にはある種の強さが宿るのです。

みんなが自分の生活を出発点にして政治を考えていくと、日本国民やオーストラリア国民の「国民の歴史」といった胡散臭《うさんくさ》いものではなく、もっと自分の暮らしている地点や立場に即した歴史が見えてくると思います。隣の町には、私たちとはかなり異なった暮らしがあるとか、一〇年前と比べて生活が苦しくなったのはなぜだろうとか。

姜　それを、社会学では生活世界とかいうんでしょうけど、「暮らし」という言葉を使うと、国家や経済といったものではなく、もっと具体的で身近なイメージになるんですね。ルソーの『人間不平等起原論』に、憐れみの情を礼賛する件が出てくるでしょう。「寛大、仁慈、人間愛というものは弱者、罪人あるいは人間一般に適用された憐れみの情でなくてなんであろうか」というような文章だったと思うのですが……。

テッサ　そうですね——ルソーが使ったのは、pitié という言葉でした。

姜　そうそう。これを具体的な場面に置き換えてみると、ものすごく貧しい人が飢えに苦しんでいる隣で、あなたは最高級のごちそうを食べられるのか、という問いになるんですね。当然それは、なかなかできないことだと思いますよ。

マルクスの影響力が強かった時期は、生産的な視点から暮らしというものを考えることが普通だったと思うんです。しかし、グローバル化による社会運動の構造的な衰弱の結果、いつの間にか、消費生活的な視点で暮らしをとらえることがスタンダードになってしまいました。つまり、ルソーが思い描いていた平等は、二一世紀になって、消費における平等に行き着いてしまったのではないかと僕は思うんです（笑）。

▼国民国家の成立——消失していく直接民主主義の理想

姜　そして、ルソーが夢見た直接参加型のデモクラシーは、結局、ナショナル・デモクラシーになってしまったわけですよね。

産業革命をきっかけとする資本主義の全面化の時代に突入していくと、一つの町や村のような小さな共同体ではつくれないものが増えてきます。たとえば、鉄道や銀行制度などは、国民国家のような大きな共同体でなければ実現不可能ですからね。そうなってくると、直接民主主義ではなくて、代表制を通じた、いわゆる間接民主主義が一般的なモデルになっていく。その制度が、とくに一九世紀以降、国民国家単位でどんどん整備されていくようになります。

今では、企業資本の蓄積のプロセスが、国民国家を超えてしまい、グローバル資本の時代になってしまいました。ですから、この時点で、国民国家の政治をもう一度とらえなおし、ルソーの直接民主主義的なモチーフに光を当てることは、非常に重要だと思いますね。

テッサ　間接民主主義の理論的整備が進んだのは、一つは、一八世紀のアメリカ独立革命がきっかけでした。具体的には、アレグザンダー・ハミルトン、トマス・ペインといった思想家たちが、同時代のアメリカ政治を主題に選びながら、代表制についての論考をいろいろと残しました。

彼らの思想をひとくくりにするのはちょっと難しいけれど、ある面では共通項があります。それは何かというと、小さな共同体だけではデモクラシーをつくることができないという共通理解でした。町や村レベルでは、指導者になるための能力をもった人たちはなかなか出てこない。しかし、もっと広い社会を見渡してみれば、そういう能力をもった人材はあちこちにいるのではなかろうか。そこで、代表――representative を整備することこそが、真のデモクラシーである、と。だから、デモクラシーを掲げて誕生したばかりの巨大国家アメリカは、間接民主主義制を分析するための、最良のサンプルとなりました。

それに対して、アレクシス・ドゥ・トクヴィルやカール・マルクスのような人たちが、まったく異なる観点から、できあがったばかりの間接民主制に対して、かなり根源的な批判を展開しました。トクヴィルは、多数派による僭主政治の出現への警鐘を鳴らし、マルクスは、デモクラシーを経済の領域にまで広げなければ意味がないと主張します。

▼公共圏――アーレントのいう相互承認に、在日は含まれるか

姜　経済的な側面から眺めると、近代人はみんな分裂しています。産業革命以後、僕らは、生産者であると同時に消費者として、資本主義的な原理にどっぷりつかって生きているわけです。しかも、現在では、消費行為以外に自分の生活を実感する術がないと思っている人々が増えつつあります。しかし、どんなにお金があって消費生活を満喫できても、肝心の自分自身が代表されていないんですね。

だから、あなたはデモクラシーの主人公だから、明日の選挙では必ず投票に行きましょうといわれても、やっぱりシラケてしまうのは無理はないんですね。ルソーも、選挙のときだけ人民は主人公になれるけどそれ以外は奴隷状態だと、どこかでいっていました。今では、選挙のときでさえ有権者は主人公になれません。代表されていないということは、人間として承認されていないということなんですね。これは公共圏の議論と結びつくと思いますが……。

テッサ　あの……、姜さん、Oさんの顔色がまた……。

（担当編集者O、メモ帳を睨《にら》みつけながら腕組みをしている。そこには、ひらがなで「こうきょうけん」と書きつけられている。）

姜　えーと……、では、ちょっと補足しておきましょうね。

公共圏というのは public sphere の訳語で、みんなが共通して関心を抱く事柄について自由に意見交換しながら、次第に政治的な方針が形成されていくような言論空間のことです。一

八世紀の哲学者であったカント(44)が、コミュニケーションの自由を保障してくれる空間として提示した考え方なんですね。

二〇世紀のドイツの社会学者ユルゲン・ハーバーマスも、公共圏の存在に注目し、大著『公共性の構造転換』のなかで、国家権力とそれに対抗する民間人たちの政治的意思の形成過程を綿密に分析しました。

政治思想家ハンナ・アーレントも、『人間の条件』のなかで公共圏の問題を取りあげています。彼女がいっているのは、公共圏では、民間人たちの政治的意思が必ずしも一致しなくてもいいということでした。つまり、多くの異なった意見がごちゃまぜになっているほうがいいんですね。彼女にとっては、個人やもろもろの社会的集団の政治的意思が一つの方向に組織化されていくことよりも、お互いの存在や役割を認めあうことのほうが重要だったんです。

——O君、ここまでは大丈夫？

（担当編集者O、脂汗を流しながらもどうにかうなずき、親指をぐっと突き出す。）

姜　それでね、テッサさん、アーレントの考えを敷衍《ふえん》して、「相互承認的な場があること自体がデモクラシーなんだ」という考え方を取ったとしても、現実には、国民でなければ、相互承認関係は成り立ちませんよね。

テッサ　ええ、そうです。

姜　そうなると、僕のような在日(45)は、そういうデモクラシーからは完全に疎外された存在になってしまうんですね。選挙権も被選挙権もない。たとえプライベートな世界で存在を認められても、パブリックな居場所がないとしたら、正直、これはものすごく苦痛なんです。

日本のナショナルな公共空間のなかでは、自分は誰にも代表されていないし、そもそも自分の意思を公の場に表現できるチャンネルがありません。公的存在として相互承認関係の網の目に入らないかぎり、自分の人格が社会のなかで認められているとはいえないし、自分が何者なのか、根本的なところがわからなくなってくる。

だから、西欧近代のデモクラシーは、じつは非常に差別的な制度であって、その陰には、公的存在と認められることのない膨大な人々をつくりだしていくメカニズムがあったと思うんですよ。

▼女性——公共圏のカヤの外

テッサ　西欧近代のデモクラシーは、当初、女性の投票権をぜんぜん認めていなかったでしょう。世界で最初に認めたのは一八九三年のニュージーランドで、その他のデモクラシー先進国と呼ばれる国でも、二〇世紀になるまで、それを待たなければなりませんでした。ちなみに、オーストラリアは一九〇二年、アメリカは一九二〇年、イギリスは一九二八年……。
姜　日本は、一九四五年です。
テッサ　さらに、投票権が与えられても、多くの女性はデモクラシーに十分参加できてはいないと思うのです。というのも、近代資本主義のなかでは、家はやっぱり消費の場所です。いかに家事をしても、それは生産的な労働ではないと認識されていました。それゆえ女性は私的な場に押し込められて、公的な場からは排除されました。

姜　だから、人口比で見れば、公的存在と認めることのできる人々のパーセンテージは、いかに少なかったかという問題が出てくるわけですね。つまり、僕たちが今まで考えてきたデモクラシーというのは、膨大なアンデモクラティック（非民主的）な領域をつくりだすことによって維持されてきたともいえるでしょう。それで、ねじれていると思うのは、アンデモクラティックな領域がまだまだ大きいんだということを、デモクラシーの側にいる人間が教えてあげなきゃいけないという、ものすごい構造がありますよね（笑）。

テッサ　それはちょうど、経済発展と同じ論理です。つまり、先進国は発展途上国からの収奪があって成り立っている。それにもかかわらず、よく政府高官が、自分たちが収奪しているところに出かけて行って、こういうことをやってもっと発展しなさいというでしょう（笑）。

▼外国人の誕生——国境管理所の人権侵害

テッサ　アメリカ独立革命(46)およびフランス革命直後、つまり一八世紀後半から一九世紀にかけての、いわゆる国民国家黎明《れいめい》期には、どこの地域でも、現在用いられる意味での国民と外国人との間に区別はありませんでした。人々の往来はそれほど管理されていませんでしたし、国籍もパスポートも税関もまだ存在しなかったのですね。

たとえば、ヨーロッパの王族や貴族たちは、ほとんどみな外国人です。彼ら彼女らの間では、それこそ国民国家の枠を超えた婚姻関係が無数に結ばれてきましたし、今のイギリス女王も、もともとはドイツ人の家系です。実際、第一次世界大戦まで、イギリスのウインザー家は、サックス＝コバーグ＝ゴータ家というドイツ風の家名でした。

それが、一九世紀の後半になると、各国で徴兵制が整備されるようになり、さらに国民国家レベルで、教育制度や福祉制度ができあがっていく過程で、外国人が軍隊にいるといつ裏切られるかわからないとか、外国人が高い教育を受けて国の要職に就くようになったら何をされるかわからないとか、そういう警戒心がどんどん広がっていったわけです。それは同時に、「国民の立ち上げ」も意味していました。そこで、自国民と外国人の間に境界線をつくらなくちゃいけないという動きが活発化していきます。

いろいろな国の移民に関する法を見ると、多くの場合、一八九〇年代から二〇世紀の初頭にかけて成立しています。ちなみに、日本は一八九九年に国籍法ができました。オーストラリアでは一九〇一年に移民制限法ができ、そのころはちょうど、中国やロシアからの移民が多かった時期でした。

姜　今日的な意味での、外国人の誕生ですね。

テッサ　ええ、そうです。ここでちょっと考えてみたいのが、デモクラシーと暴力の関係です。

当然のように、国民国家には常に暴力的な側面があります。だからこそ、国民の人権を守るために、憲法をはじめとする契約で歯止めをかけるわけです。でも、それは領土内部での契約です。それでは、国民国家と国民国家の間の境界線にどのような契約があるかというと、どこにもないんです。最近、私がよく使っている言葉ですが、国境は、democracy free zone なのです。つまり、国境にデモクラシーは存在しない。

姜 デモクラシー不在の地——。

テッサ たとえば、オーストラリアでも、ハワードの選挙キャンペーンに顕著なように、国境を越えて亡命しようとするイラク人やイラン人は、ひどい扱いをされています。出入国管理所における難民や移民に対する人権侵害は、増大しつづけているし、グローバル化と格差の存在は、国境を越えてくる人たちの数をますます増加させます。今後、国境の民主化の問題はさらに重要になってくると思います。

そもそも、出入国管理所における入国希望者の審査は、越境できる者とできない者を分類する基本的な法規を基準としながらも、多くの場合は、現場管理官のもつ情報や先入観、そして偏見の累積にもとづいた恣意《しい》的な判断に過ぎません。にもかかわらず、その権力は絶対的で、管理官の決定が後に審査されることはほとんどありません。

姜 テッサさんがおっしゃるように、国家による暴力が集約的に現れているのが、国境管理所であることはまぎれもない事実です。しかし、この外国人や「非国民」に対する排除の現実を問題と感じている人は、やはり少数派でしょうね。

たとえば、日本の戦後民主主義に多大な影響を与えた政治学者である南原繁[47]は、『ドイツ国民に告ぐ』で有名なフィヒテ[48]の言葉を借りながら、昨日話題にした「内的国境」を強化して、君民一体の日本民族共同体をつくりあげる必要性を、敗戦直後、さかんに唱えていました。そのロジックでいえば、外国人とは常に国境をおびやかす存在になってしまうんですね。

内側では人権を大切にする社会をつくりましょうといいつつ、デモクラシー不在の国境で、ひどい人権侵害が起きている。その矛盾を、みんなが何か当然のこととして受け入れてしまっている。この事態をどうとらえればいいのか。

▼五番目の「戦後民主主義」

姜　日本政治史研究者の三谷太一郎[49]氏は、近代日本のデモクラシーはすべて戦後民主主義であると指摘しています。つまり、日清戦争、日露戦争、第一次世界大戦、第二次世界大戦と、日本が経験したこれら四つの戦争のあとに、戦後民主主義が生まれてきたというわけです。三谷氏がいうには、冷戦が終わった現在は、五番目の戦後民主主義の時代ということなんですね。もちろん、僕自身は、南北朝鮮の分断がある以上、冷戦が終わったとは到底思えないのですが。
テッサ　冷戦はまだ終わっていない。
姜　しかし、この指摘は非常におもしろいと思います。戦争を通じて、総動員体制が強化された結果、国民に対する福祉や教育が量的に拡大する。それと同時に、外国人に対する非民主的な扱いもどんどんひどくなっていくというサイクルなんですね。

たとえば、第一次世界大戦前後の日本で、大正デモクラシー(50)と謳《うた》われるほどの輝かしい民主化の動きがあったにもかかわらず、植民地では、現地の人々に対する陰惨な暴力が繰り返されていました。一九一九年の朝鮮民族による三・一独立運動(51)の際には、朝鮮総督府(52)の命により各地で大量の朝鮮人が殺されましたし、一九二三年の関東大震災の際には、やはり数千人規模の朝鮮人の虐殺事件も発生しました。

テッサ　西欧でも、第一次世界大戦の後には、さまざまな民主化の動きがありました。先ほども話題にしましたけれど、イギリスでは女性の参政権が正式に認められたのですね。しかし、ちょうどその時期に、パスポート制度が整備されて、国境線が非常に強化されました。デモクラシーが国内的に広がるのと並行するように、外側の脅威から自分たちを守らなければならないという意識が強化されました。

最近では、「内的国境」はますます強化され、その外側の領域は複雑にカテゴライズされています。グローバル化によって人の移動がさらに激しくなった結果、国民と外国人という単純な区別では、もはや対応できなくなっている。外国人もいろいろですし、「非国民」が必ずしも外国人というわけではない。テロ集団やカルト教団、あるいはセクトといった「非国民」への過剰反応は、今の監視社会の進展と、非常に密接な関係をもっています。

姜　そうすると、僕たちが教わってきたデモクラシーの歴史のイメージも、かなり変えなければならないでしょうね。一般的には、デモクラシーは世界に拡大して、量的にもどんどん向上していることになっている。だけど実際には、一部の民主化が、膨大な数の人間たちの非民主化をますます推し進めているという理解のほうが正確かもしれません。

▼戦争と大衆デモクラシー

姜　なぜ民主化の進展が、非民主化の進行を影のようにともなってしまうのか。そのことを考えたとき、僕はやっぱり、戦争という問題が大きいように思うんです。

国民国家同士の関係を見た場合、ホッブズの「万人の万人に対する闘争状態」というモデルが説得力をもってくるし、フランスの哲学者ドゥルーズ(53)の言葉を借りれば、国家が「戦争機械を自己に所属させる」時代に、人々を戦争に動員していくために、一九世紀までは見向きもされなかったような貧しい農民とか、労働者に対して、国民としての位置づけをしていったんですね。

それと歩調を合わせるように、二〇世紀の初頭に、社会学者カール・マンハイム(54)が名づけた「大衆社会」の時代が本格的に到来したんです。

産業革命後、工場労働者が都市に集中するようになり、村落共同体はどんどん分解していきます。バラバラに散らばった人々は、企業をはじめとする町の雇用労働者としてふたたび組織化されるのだけど、それはもはや地縁や血縁とはあまり関係のない集団――大衆（mass）なんですね。マス・メディアの発達もあって、同じような思考や行動パターンをとりながらも、連帯感が希薄なこの大衆の姿を、デイヴィッド・リースマン[55]は「孤独な群衆」と呼びました。こうした流れを、戦争が加速化させていきました。

スペインの思想家オルテガ・イ・ガセット[56]は、一九三〇年の『大衆の反逆』で、その大衆がデモクラシーの主人公に納まった事態を、リベラル・デモクラシーがマス・デモクラシーに取ってかわられたといって憂慮しましたよね。デモクラシーというのは本来、知的エリートたちが知恵を出しあってきっちりと主導していくものなのに、大衆の出現によってそういう機会がどんどん奪われている。だから、デモクラシーは堕落した、と。

その意味では、いくつかの戦争が推し進めた戦後民主主義は、いってみれば大衆デモクラシーの進行だったといえるかもしれませんね。大衆の意思、すなわち世論にもとづく民主主義という考え方が出てきたのもこのころでしょう。

先ほど話題にしたカール・シュミットも、ある意味、大衆デモクラシーの批判者の系譜に位置づけることができるでしょう。また、ドイツの社会学者マックス・ウェーバーも、大衆デモクラシーの進展にともなって起きる官僚制の肥大化に対して、果敢な批判を試みています。

▼民主主義の拡大と非民主主義の拡大――在日の投票権

テッサ　先ほどの、民主主義が拡大すると非民主主義も拡大するというご指摘は、デモクラシーを考えるうえで、非常に重要な点です。それと密接に関連することですが、ちょっと聞いてみたいことがあります。今、姜さんは投票権をいっさいもっていないでしょう？

姜　はい。

テッサ　でも、従来のデモクラシーの常識で考えると、在日の問題も民主的に解決されて、いつか投票権を与えられるようになるという話になります。

姜　うん、なってしまうね……。

テッサ　それについてどう考えるかをお聞きしたいのです。

姜　一つの考え方としては、デモクラシーは質的にも量的にも広がってはいるが、どうしてもグラデーションやムラのようなものがあって、まだまだ行き届いていないところがあるということもいえるわけですね。だから、在日の人権問題も、僕たちがいろんな運動で要求していけば変わっていくはずだ、と。

　僕自身、どうして政治学者になったかというと、それが、投票権も被選挙権もない自分にできる、もっとも有効な政治参加に思えたからなんですね。

テッサ　（無言でうなずく。）

姜　もちろん、いろんな政治団体に所属して、とてもがんばっている在日の人たちもいて、それで変わってきた部分もあるし、今後もっとよくなっていく可能性ももちろんあるでしょう。

アメリカの公民権運動[57]や女性の参政権獲得のような歴史も、一つの指標になるはずです。

でも、日本という空間に限定して考えれば、やっぱり、当人たちが思うほど民主化の主役にはなれないだろうなとも感じています。それはどうしても「二流市民」になる可能性があるのではないか、と。在日が投票権を獲得して、事実上、日本国民と変わらない権利が与えられたとして、それで民主主義が拡大したことになるかといえば、僕はそうではないと思います。

あるマイノリティ集団の問題が解決するかのように見えたとしても、非民主的な領域は別の領域に拡大、拡散していくだけなのかもしれない。あるいは、そういう形で、マイノリティ集団間の分断が進んで、連帯の可能性がなくなっていくことも考えられます。それはテッサさんがおっしゃった、監視社会の問題と無関係ではないでしょう。

在日コリアンの問題だけに限定してしまうと、じつはそうした民主化と非民主化の同時拡大の光景は、見えなくなってしまうんですね。そもそも、外国人を排除したうえで成り立っている市民権という概念にメスを入れないと、根本的には何も変わらないと僕は思います。

▼ギリシャ哲学のビオスとゾーエー——国民ではない住民とは何か

テッサ イタリアの思想家ジョルジュ・アガンベンが、難民に関して興味深いことをいっています。最近まで私たちは、難民に人権を与えれば問題は解決するという前提に立っていました。しかし、彼にとって、難民というのはもっと独特な存在なのです。

彼は、難民のあり方を説明するために、ギリシャ哲学のなかのlife――生活をあらわす二つの言葉をもってきます。一つはビオスといって、人と人との関係でしか成り立たない社会的存在としての生活を意味したもの。もう一つはゾーエーといって、食べるとか、寝るとか、人間以外の動物と同じように単に生きているという一般的事実を表現した言葉。ゾーエーはいってみれば、裸の人間なのですね。そして、難民とは、このゾーエーになってしまった人たちなのだ、と。

もちろん、このビオスとゾーエーに最初に注目したのは、フランスの思想家ミシェル・フーコーでした。彼は『性の歴史』の第一部『知への意志』において、西欧近代の政治がビオスではなく、このゾーエーを統治するように変わってきていることに注目しました。この生物学的な生活そのものの支配を、フーコーは「生政治（bio-politique）」と名づけています。

ただ、ビオスの言語でゾーエーは語れないという立場をとって、生政治の暴力性を微細に分析していく戦略をとったフーコーとは違い、アガンベンは、この公共圏の外側に裸のまま投げだされた人たちの存在をきっかけにして、従来の人権の概念を根本的に問い直すことを試みています。

たしかに、ゾーエー――つまり、難民たちの存在を見ると、人間と国民国家の関係を考え直さざるをえないと、私も思います。難民たちは、概して国民国家の政治に対する関心が薄くなる傾向がある。ここでアガンベンが非常におもしろいことをいっています。難民を含めた政治を考える際には、社会的に整備された人権をもっている国民ではなく、国籍も何も関係なく、ただそこに暮らしている住民の数を基本におくべきである、と。

姜　おもしろいですね。

テッサ　それの現実化には、いろいろと難しい部分がありますが、大切な指摘だと思います。おそらく、姜さんの立場とも近いのではないでしょうか。

姜　そうですね。在日の立場の人が、有権者になりたい、公的な存在として認められたい、あるいは、ビオス的な生活のなかに含まれたいという思いを抱いて、そういう権利を要求していく。その背景には、自分たちはただお金をもうけて、物を食べて、死んでいくだけの存在ではないんだという、切実な感情があるわけです。

でも、今、公的存在として認められている国民たちが、福祉国家理念の崩壊によって、ある意味ゾーエーの方向に向かっているわけですよね。そのあたりに、最近、奇妙なズレのようなものを感じるときがあるんです。

▼遠き水面に、日は落ちて

姜　……ちょうどギリシャ哲学に話が戻ったところで、そろそろ時間切れですね。

テッサ　Oさん、これで一冊になりますか？

（担当編集者O、手元のノートを見ながら、うつむき加減で何か考えごとをしている。）

姜　テッサさん、見てください。夕日がものすごくきれいですよ。

テッサ　まあ、ほんとうに！

（姜尚中、リビングの掃きだし窓を開けて、テラスに出る。テッサもその後につづく。コテージ裏の灌木越しに見えるのは、オレンジ色の空と群青色の海面、その境界線で金色に乱反射する、無数の粟粒のような光たち。）

姜　三日間、どうもありがとうございました。これで、テッサさんと一つのテーマについてじっくりと議論する数日間をつくるという、一〇年来の宿願がかないましたね。

テッサ　ええ。でも、これで対談を終わりにしていいのかどうか……。何だかOさんが難しい顔をしていますし……。個人的には、デモクラシーの現状と歴史については、ある程度、議論できたように思うのですが、これからどうしていくべきかという実践面での話は、あまりできなかったですね。

姜　そうですね……。それについてはまだ議論の準備ができていないし、ちょうどテッサさんが春ごろに日本にいらっしゃると聞いていますから、そのとき最後の駄目押しをすることにしましょうか。もういい加減、この島では録音の必要はないでしょう。ちょっと今後の予定を聞いてみますね。

（姜尚中、リビングに戻り、ソファーに座っているOを覗き込む。しばらく何事かを話しかけた後、ふたたびテラスにやってくる。）

姜　目を開けたまま寝てるよ……。

（担当編集者Oの口元から、よだれが一筋流れ落ちる。手元のメモも、途中から落書きだらけになっている。）

Kang Sang-jung

第五章　間奏曲「月夜の対位法」

――デモクラシーは酸素なんだよね

（二〇〇三年一二月八日夜　ハミルトン島　港へ向かう路上にて）

▼月下のドライブ

（小型カートを楽しそうに運転する姜尚中。テッサは助手席に座り、担当編集者Oは後部座席で荷物に埋もれたまま、ぐうぐういびきをかいている。）

テッサ　よっぽど疲れていたんでしょうね。昨日の午後に、ビーチでこっそり録音していたテープを、どうやら朝まで部屋で聴いていたみたいです。

姜　自業自得……。四六時中テープを回して。南太平洋の孤島で、監視社会の恐怖に直面することになるとは思いませんでしたよ（笑）。

テッサ　それが、市場の社会的深化――姜さんの何気ないおしゃべりまで、企業資本の対象になっているんですよ（笑）。

姜　（わずかに暗い表情を浮かべながら）ほんとうにそうだね……。

テッサ　それにしても、風が気持ちいい。今夜は少しだけ涼しいですね。それから、すごい満月！　まだお腹が空くまで間がありますし、レストランに行く前に、もうちょっとだけドライブをつづけませんか。

姜　賛成です。この島は急な坂道が多いから、落ちないようにしっかり手すりに摑まっててくださいね。

▼オーストラリアへの移住——白豪主義から多文化主義への激変の時期

（長い坂道を、歩くほどの速度でのぼる小型カート。背後の丘の下では、満月の光に照らされた穏やかな海が、漆のように黒光りしている。）

姜　テッサさんがオーストラリアに移住したのは、たしか一九八一年でしたよね。

テッサ　そうでした。ご存じのように、私の連れ合いは日本人です。イギリスで学校に通いはじめた息子がいろいろとつらい経験をしたことが、移住の一つのきっかけでした。私たちはイングランド西部の町に住んでいたのですが、当時の地方の町にはアジア系の人たちがあまり住んでいなかったし、サッチャー政権成立直後のイギリスでは、移民排斥の雰囲気がどんどん強まっていましたから。

姜　移住先として、オーストラリアを真っ先に思い浮かべられたのは、なぜですか。

テッサ　そのことを説明する前に、ちょっとだけオーストラリアの歴史の話をしなければなりません。一九七〇年代以前のオーストラリアは、長い間、人種差別国家として悪名を轟《とどろ》かせていましたよね。

姜　白豪主義(1)。

テッサ　ええ。先ほどもちょっと触れましたが、一九〇一年にイギリスからの独立を果たしたばかりのオーストラリア連邦は、第一回の連邦議会で、早速、移民制限法を制定しました。その移民制限法の内容は、たいへんおもしろいものでした。

移民としてクオリファイする（資格を得る）ためには、「識字」試験をパスしなければなりません。ところが、その「識字」試験の言語は、オーストラリア国家語である英語である必要はなかったのです。試験官が、ヨーロッパの五十数言語のうちの一つを任意に選び、それで移民希望者に書き取りテストを行うのです。もちろんその目的は、「非白人」を移民とさせないためのテストでした。たとえば、インドネシアからの移民希望者にバスク語の試験を受けさせる。まあ、一〇〇パーセントの確率で不合格となるでしょう。そうやって、アジア系やメラネシア(2)系の移民希望者たちを事実上排除していたわけです。

ところが、一人だけ、この試験に合格してしまったのですよ。ロレンゾ・ド・ガラというフィリピン人でした。西オーストラリア州の小さな田舎町で起きた出来事です。

種明かしをすると、通常その町の郵便局長が試験官を務めるのですが、ド・ガラと郵便局長は友だちだったのです。それで、「ヨーロッパの五十数言語のうちの一つ」に英語を選びました。だから、ド・ガラはめでたく合格した。

　これは政治問題化しました。合格不可能なはずのアジア系移民希望者への「識字」試験に、合格者が出てしまったのです！　この町の警察署長が、連邦政府に報告書を提出しなければならなかったのですが、あいにく読み書きのできない警察署長だったのですね。それで、ロレンゾ・ド・ガラが流暢《りゅうちょう》な英語で警察署長の代わりに報告書を書いてあげたのです（笑）。後にこの町の郵便局長は、左遷されました。

　この移民制限法が、「純粋な白人が構成する」とする想像の単一民族国家オーストラリアをめざした、悪名高き白豪主義の事実上のスタートです。

姜　その人種差別的な雰囲気も、テッサさんが移住先を検討しはじめるころには、ずいぶん変わっていたでしょう。

テッサ　そのきっかけは、一九七二年の労働党ホイットラム政権[3]の誕生でした。それまでは、メンジーズ首相[4]をはじめとする保守連合政権が二三年間つづいていたのですが、ベトナム戦争による、国際的な反戦運動や反人種主義運動の高まりを受けて、白豪主義をはじめとする既存のシステムへの批判がどんどん強まっていったのですね。

　二三年ぶりに保守から政権を奪取したホイットラム首相は、徴兵制を廃止し、ベトナム撤退を決定し、中華人民共和国とも国交を樹立しました。さらに、労働党新政権は、アボリジニ[5]の自己決定権や土地先住権を認め、女性の権利の拡大もどんどん推進しました。

そしていよいよ、ホイットラム政権移民担当大臣アル・グラスビーの主導の下で、非ヨーロッパ系移民の受け入れを積極的に推進するようになったのです。いわゆる、オーストラリアの多文化主義のはじまりでした。

姜　その雰囲気は、移住当初も残っていましたか。

テッサ　ええ、とても色濃く残っていました。一九七五年に、米ＣＩＡの関与が噂されているのですが、ホイットラムは失脚しました。政権はふたたびマルコム・フレイザー(6)の自由党と国民党の連合政権に交代したのにもかかわらず、多文化主義的な政策は、そのまま維持されました。テレビや新聞を通して流れてくるそうした情報が、サッチャー政権下のレイシズムの盛り上がりにうんざりしていた私たちに、どこかきらびやかに映ったのでしょう。

移住を決めて、ビザを取りにオーストラリア大使館に行ったとき、係の人が熱っぽく話してくれたことを、今でも覚えています。「これからは多文化主義の時代なんですよ。だから、いろんな地域から来た人たちと、新しい国をいっしょにつくっていきましょう」と。

姜　テッサさんはやっぱり、ある時期、オーストラリアにあったような多文化主義的な流れのなかに、デモクラシーの可能性は宿っていると感じていらっしゃるのですね。

テッサ　お話ししましたように、多文化主義自体が、六〇年代から七〇年代にかけてのデモクラシー運動から出てきたものなのです。もちろん、実際に住んでみると、オーストラリアがそれほど理想的な国ではないことくらい、すぐにわかります。第一、「このデモクラシーこそが唯一完全である」なんて、誰にもいいきることはできないはずです。

でも、個人的には、ある時期、ある場所に存在した「仮説としてのデモクラシー」には、それなりの意味があったと感じています。自分にとって、それは、オーストラリア移住当初の多文化主義的な空気だったのでしょうね。

たとえば、息子が通いはじめた小学校では、イタリア語の授業がありました。それだけではなく、先住民への理解のために、カミラロイ語（オーストラリア先住民・アボリジニの二五〇ある言語の一つ）の授業まであったのです。これにはとても驚かされました。教育面だけではなく、地方のコミュニティや、企業の内部でも、デモクラシーに関するさまざまな実験が次々に試されている時期でした。

多文化主義政策には、不十分な側面がたくさんあったと思います。八〇年代にも、多くの人たちからさまざまな反論が寄せられていましたし、私自身、今から思えばロジックとしてはほんとうに稚拙な「多文化」という概念を批判的に分析する文章を書いたことがあります。

そうこうするうちに、昨今では、グローバリゼーションの影響もあり、白豪主義的な移民排斥の動きがふたたび活性化してきましたし、ポーリン・ハンソンのようなポピュリストも登場するようになりました。

姜　世界的なデモクラシーの機能不全が、当時のオーストラリアでは、多文化主義に対する批判として出てきたのかもしれませんね。

テッサ　移住してからしばらくは、どんなにつらい目にあっても、オーストラリアで生活していくことをネガティブに感じたことはありませんでした。ところが、最近では、海外旅行から帰ってきて、シドニー空港で新聞を読んだときなんかに、「あぁ～あっ……、ほんとうに、もう嫌だ……」と、絶望的な気持ちになることが多くなりましたね（笑）。

それでも、多文化主義的なデモクラシーのために、多くの人たちが努力してきたことは事実ですし、その理想が完全になくなっているとは思いません。オーストラリアを民主化する努力をつづける意味はあると、私は信じています。

▼「朝鮮半島は、デモクラシーとは無縁だ」という刷り込み

姜　僕に関していえば、ずいぶん幼いころから、朝鮮半島は、デモクラシーとは徹底的に無関係だということを、どこかで刷り込まれてきたような気がするんです。

テッサ　姜さんの生まれ故郷は、熊本でしたよね。

姜　ええ、だからそうした感覚は、もしかしたら、熊本という保守的な土地柄で高校生のころまで生活していたせいもあるでしょうね。

僕が生まれ育ったのは、熊本駅からすぐ近くにあった、春日町界隈の在日韓国・朝鮮人の集落でした。父はもともと慶尚南道昌原郡南山里の出身で、貧しい小作農一家の長男だったんです。父は、満州事変(7)が勃発した一九三一年に、弱冠一五歳の身でほとんど流民のような立場で

日本にやってきました。母もやはり、釜山近くの小作農の出身で、こちらは、太平洋戦争がはじまる一九四一年に、許婚の父を追って海を渡ってきたのです。

僕が生まれたのは、一九五〇年でした。その当時のわが家のあたりは、日本のゲットー(8)さながらの風景で、粗末なバラックが所狭しと立ち並び、そこでは一〇〇世帯以上の在日家族が、ヤミのどぶろくづくりや養豚などを生業にして貧しい暮らしを営んでいたんです。六歳のときに、僕の一家は、熊本大学の近くにあった立田山の麓に引っ越すことになりました。そこで父は、廃品回収の仕事をはじめることになります。

その後、一九五九年にはじまる帰還運動のうねりのなかで、膨大な数の在日の人たちが北朝鮮に渡っていったのは、ご存じのとおりですよね。春日町界隈の在日の集落も、急速に寂れていきました。

テッサ　そのとき、姜さんのご家族は、どうして北に渡らなかったのですか。

姜　じつのところはよくわからないのですが、父の弟が朝鮮戦争(9)のとき、韓国軍の法務参謀をしていて反共主義に染まっていましたから、そのことが影響したのかもしれません。それから、父母の先祖の墓が南にあったことも原因の一つだったのでしょうね。とくに先祖崇拝の心情が強い母が、縁もゆかりもない土地への移住に及び腰になっていた可能性は十分にあります。

それでね、これは、ジョン・ダワーの『吉田茂とその時代』に出てくるのですが、吉田茂(10)は、春に種をまけば秋に実りがあるように、朝鮮半島の人間には、民主主義を教えるよりは自然の理を教えてやるべきだ、というのが口ぐせだったそうです。さらに、朝鮮人は二人いれば、三つの徒党ができる――そんなことはありえないはずですが――彼らは争いごとにたけた人々だなどと、朝鮮民族の「野蛮性」を強調するような言葉も残している。

後に、一九六八年に起きた金嬉老事件[11]は、常に潜在的な「犯罪者」集団扱いされつづけてきた在日の負のイメージが、一気に可視化された出来事でした。だから、そういう日本の空気のなかでは、朝鮮民族や、他ならぬ自分自身が、民主的な理想とよもや縁があろうなどとは、到底思えなかったんですね。

それが変わったのは、早稲田大学の政経学部に入学して、東京での生活をはじめたころでした。一九七〇年、早大生の山村政明（梁政明《ヤンジョンミョン》）[12]の孤独な自殺に衝撃を受けた僕は、在日であることの苦悩や閉塞感を打ち破るために、朝鮮半島に渡ったんですね。

ノンポリだった僕でも、当時の韓国が、朴正熙《パクチョンヒ》[13]の軍事独裁政権下にあることぐらいは知っていました。朝鮮民族の「野蛮性」という表象をさんざん刷り込まれてきた僕は、暴力や恐怖のイメージを抱きながら、おそるおそる父の弟を頼りに海を渡ったんですね。でも、実際に韓国に着くと、ぜんぜんそうではないんです。当たり前のように、人々の生活はあった（笑）。

テッサ　それはそうでしょう（笑）。

姜　でも、入国の際に、たまたま所持していた『サンデー毎日』に金日成《キムイルソン》[14]の写真が掲載されていたために、一時、拘束されるようなことがありました。それから町を歩くと、素足のストリート・チルドレンによく行き合ったし、貧富の差はほんとうに激しかった。独裁政治による情報統制が全土に敷かれていて、重苦しい空気がただよってもいました。そのときの僕は、ほとんど文明論的に、朝鮮民族は宿命的にデモクラシーとは無縁なんだと、暗い思いで確信していたんですね。だから、こんな社会になっているんだ、と。

テッサ　でも、『ナショナリズムの克服』でも語られていますが、そのときのソウルで、いわゆる韓国的なカテゴリーのなかで、政治にコミットする決意をなされたのですよね。

姜　ええ、帰国してすぐに、韓国文化研究会（韓文研）という民族団体に入りました。同時に、通名の「永野鉄男」を捨て、「姜尚中」を名乗る決意をします。その後、一九七三年の金大中拉致事件[15]、七四年の朴大統領暗殺未遂事件[16]、そして同年に起こった民青学連（全国民主青年学生総連盟）事件[17]と、まさに疾風怒濤の日々が、七〇年代の後半までつづくのですが、その間に、デモクラシーとは何かというテーマに、遅まきながらようやく直面したんですね。

▼セキュリティの彼方には、デモクラシーなど存在しない――韓国の民主化闘争四〇年

姜　一九六〇年といえば、日本では安保闘争を象徴する年として有名ですけど、韓国では、四・一九学生革命（四月革命）[18]のほうが伝説的で、当時、軍事独裁で民衆を抑圧していた李承《イスン》晩《マン》[19]大統領が、辞任に追い込まれ、ハワイに亡命しました。

　このとき、一八六名の学生たちが、警官隊の発砲などによって殺されたのですが、そのとき

のデモ参加者たちがさかんに叫んでいたスローガンが、「反封建」「反買弁」「反独裁」「反帝国主義」。それらは要するに「民主化」の一言に尽きるんですね。デモクラシーに対する情熱は、僕が韓国を訪れる以前から、凄まじい強さで存在していたんです。

でも、四・一九革命の後に、ふたたび軍事クーデターが起こり、その後、六〇年代から七〇年代にかけての朴正煕政権、八〇年代の全斗煥《チョンドゥファン》(20)政権というように、一九八八年のソウルオリンピックごろまで、独裁制が敷かれつづけるんです。思えば、このデモクラシーへの渇望と、圧倒的な軍事独裁体制のギャップこそが、長年にわたる僕の閉塞感の源でした。

それでね、テッサさん、僕が関わった七〇年代民主化闘争の、最大の宿敵だった朴正煕がいっていたのが、「民主化は安保の後」ということなんです。

テッサ　セキュリティ。

姜　そう、軍事政権は、北の脅威から南を守るほうが先だ、というプロパガンダを繰り返していたんです。セキュリティがあってはじめて、デモクラシーが存在しうるんだ、と。

これはね、九・一一アメリカ同時多発テロ以降の、いわゆるデモクラシーの危機的状況を、見事に先取りしています。というのも、セキュリティが優先されて、その果てには、デモクラシーが息絶えてしまうことになるからです。

テッサ　まったく、そうです。

姜　七〇年代に僕が関わった学生運動は、一言、デモクラシーだけが暴力の恐怖から解放してくれる唯一の答えなのだという確信に尽きました。それは、今よりいい制度を手に入れるためというような無機的な動機などではないんです。当時、人前で体を張って宣言文を読んでいると、何かこう、非常に荘厳な思いに包まれた記憶があるんですね。ＫＣＩＡ（韓国中央情報部）の人間が写真機を構えてこちらを監視しているときでも、かえって、民主化のためになら死んでも構わないくらいの勇気が、どこか深いところから湧いてきました。もちろんそうした感情的な高ぶりは一時的なものだったのですが。

それでも、アメリカに与えられる形で、民主憲法をやすやすと手に入れた日本よりも、暴力、軍事独裁、戒厳令など、政治上の暗い影につねに喘いでいた韓国のほうが、デモクラシーの大切さを肌身で知っていたのかもしれません。まるで、一度もつかまえたことのない青い鳥を求めるような感じでしょうか（笑）。

テッサ　ロマンチックですね（笑）。

姜　もう一つ、テッサさん、デモクラシーっていうのは、いってみれば酸素みたいなものかもしれませんね。

テッサ　デモクラシーは、酸素。

姜　十分に足りているときには、その存在を意識することがないけど、社会が酸欠状態に陥ったら、苦しくて死んでしまうんです。

テッサ　うん、いいですね。とても気に入りました。

姜　韓国では、一九六〇年の四・一九学生革命以降も、一九八〇年の光州民主化闘争[21]など、持続的に、ものすごい勢いでデモクラシーの水が湧きでていました。それでも体制はまだ変わらない。一九八七年に民主的な選挙が施行されたといっても、大統領になったのは元軍人の盧《ノ》泰《テ》愚《ウ》[22]でしょう。反民主的な問題は、まだまだあちこちで根強く残っていました。

しかし、一九九七年の大統領選で金大中氏が勝ったとき、これは大きく変わったという実感を持ったんです。金大中氏は、翌年、大統領職に就任すると、いわゆる太陽政策[23]と呼ばれる北朝鮮との融和策を打ちだし、二〇〇〇年六月には、金正日《キムジョンイル》[24]国防委員長とのあいだで南北共同宣言[25]に署名するにいたります。

じつは、九八年に、僕は、NHKの取材で、アジア通貨危機[26]直後の韓国にいったんです。そのとき、四半世紀ぶりに訪れた旧軍事独裁国家が、あまりに風通しがよくなっているので、ほんとうに驚きました。長年、訪れることがなかった分、その変化が敏感にわかるんですね。人々が自由にものを話している、だから活気がある。どこかウキウキする。そのときあらためて思ったのは、やっぱりデモクラシーっていうのは人を明るくするし、その社会に希望をもたらすものだということですね。

テッサ　私が韓国をはじめて訪れたのは、一九七四年のことです。そして、姜さんと同じように、九八年になって二四年ぶりに韓国に行ったのですね。そのときは、雰囲気がほんとうに変わったな、と思いました。やはり、デモクラシーが進んで、自由になっていると感じたのですね。

姜　今の盧武鉉《ノムヒョン》(27)政権は、いわば民主化の第二ステージに立っているんです。だから混乱しているのだし、この混乱にこそ意味があると思います。カオスのように見えるかもしれないけど、言論の自由がある程度まで保障されて、メディアのなかで、問題が隠蔽されずにたえず顕在化しているということでもあるんです。突き詰めていうと、社会にエネルギーが満ち溢れているという証拠なんですね。僕は、混乱のない独裁制よりも、混乱のあるデモクラシーのほうが遥かにいいと思っているし、現在の韓国は、そのことを示しているように思います。

もしかすると、北東アジア地域で、韓国がもっともデモクラシーの先端に立っているのかもしれません。というのも、アジア社会は、大なり小なり、じつは開発独裁になっているんです。それをリードするのは、軍部や官僚であり、そこにエリートが参集しているんだけど、それらとどのように戦って民主化を達成するのかという、一つのモデルケースになったと思うんですね。シンガポールの大統領リー・クアン・ユーが、一時期、アジア社会には民主主義は馴染まないとかいって、「アジア的価値」を掲げながら、開発独裁的な政策を推し進めていたけど、そんなことはまったくないんです。

▼すべての人間は、外国人である

テッサ　デモクラシーに、西欧もアジアもアフリカも関係ありません。それに、今日の午後ずっと議論してきましたけど、従来のデモクラシーのどこに限界があるのかと考えたら、やっぱり、国民と外国人を区別するような境界こそが、すべての元凶だったと思います。

姜　内的国境（笑）。

テッサ　そうですね（笑）。あるいは、姜さんが長年、圧迫されつづけてきた「朝鮮半島とデモクラシーは無縁である」という固定観念も、まぎれもなく境界線の一種だったのでしょう。そこでね、姜さん。私はたった今、二一世紀のデモクラシー宣言として是非とも盛り込んでいただきたいフレーズを思いつきました。

姜　どんな言葉なんでしょう。

テッサ　すべての人間は、外国人である。

姜　ああ、それはすごい……。

テッサ　正直、「日本人」でもない私や姜さんが、日本で刊行する書物のために、デモクラシーについての議論をするという形が、ずっと気になっていました。でも、これからは、国民と外国人の区別（差別）をなくした地点から、デモクラシーの構築を図らなければならないと信じます。

姜　いいですね……。ほんとうに、すばらしい。

（姜尚中、小型カートのハンドルを握り締めたまま、テッサの台詞を、口中で何度か繰り返す。後部座席でいびきをかきつづける担当編集者O、手元に隠し持っていたテープ・レコーダーの停止ボタンをそっと押す。）

ハミルトン島　港へ向かう路上にて

第六章　ふたたび「暮らし」のなかへ
――今、私たちに何ができるのか

（二〇〇四年三月二七日　東京　集英社会議室にて）

一　想像力を奪うものへの抵抗

▼デモクラシーの未来

（オーストラリアの旅から四ヶ月近くが経過した、三月の終わりの土曜日。姜尚中が閑散としたオフィスを訪ね、指定された会議室に入ると、テッサが手元のノートに何かを書きつけている。）

姜　いやぁ、お久しぶりです。お元気でしたか。

テッサ　じつは、姜さん、三週間ほど前に六本木の国際文化会館で開かれた "National Security, Media and Promotion of Right in Asia" の会議でご一緒しています。

姜　ああ、そうでした……。あれはテッサさんが主催した会議だった……。

テッサ　（ニッコリ微笑んで）姜さん、ちょっとお痩せになったのではないですか。

姜　あと一週間ほどでドイツに行くことになっているので、準備やら何やらでほんとうに忙しくて――、ところで、O君はどこですか？

テッサ　エレベーターホールの脇のソファーで寝ていますよ（笑）。

姜　ええ！　どういうことですか。

テッサ　ちょっと風邪気味で微熱があるようだったので、後は二人に任せて仮眠を取ってくださいと私がいったのです。

姜　大丈夫でしょうか……。

テッサ　今日は中止にしてご自宅でお休みになることを勧めたのですが、彼がいうには、これから半年ほど姜さんが日本を離れてしまうので、このタイミングを逃すと、今後の対談の日程調整が難しくなるというのですね。だから、姜さんがいらっしゃるまでに、私のほうで議論のポイントを整理しておきましたので、なるべく効率よく進めて、早めに終わらせることにしましょう。（小声で）例によって、約束の時間よりも一時間ほど遅れていますし……。

姜　（心配そうに、眉間にしわを寄せながら）そうですか……、とにかく、彼を待たせてはいけませんね。わかりました。では、今すぐにでもはじめましょう。

テッサ　それで、姜さんがいらっしゃる前に、今まで議論したことを、思いだせるかぎり書きだしてみたのですが――。

姜　すみませんね、いつもお任せしてばかりで。

テッサ　いいーえ！（満面の笑みを浮かべて）でも、一人でデモクラシーについてあれこれと考えるよりも、姜さんとじっくり対話ができたことで、私自身、非常に蒙《もう》を啓《ひら》かれるところがありました。

振り返ってみると、オーストラリアでの議論は、デモクラシーの空洞化、グローバル化の進行にともなう労働運動の弱体化、従来の文脈ではあまり顧みられなかった政党や世論の分析、さらにはデモクラシー思想史を「外国人」という切り口で概観するなど、主に、デモクラシーの歴史と現状についての話題が中心でした。

しかし、「今、私たちに何ができるのか」という話は、まだ、あまりしてこなかったように思います。もちろん、市民運動をアジェンダに載せることや、「支持政党なし党」というアイデアなど、政党政治の文脈上で可能な行動については多少話題にしましたが、今、私たちに何ができるのかという実践的な面については、別の角度から、もう少し議論の余地が残っているはずです。

そこで、これから主に二つのテーマに沿って、フリー・トーク風に議論をしてみたいと思います。一つは「想像力を奪うものへの抵抗」、二つ目は「グローバル権力と、内なる無力感への抵抗」についてです。

▼被害者への過剰な感情移入と、無関心な第三者意識の蔓延

テッサ　このうち、「想像力を奪うものへの抵抗」は、主にメディアにかかわる状況です。これまでの議論のなかで、再三にわたってメディアの機能不全に触れてきました。デモクラシーについての新しい考え方があったとしても、それを人々に媒介する過程に問題があれば、何の意味もなさない。

姜　そうですね。実際、これは多くの人たちが取り憑《つ》かれている病だと思うんですが、僕がとくに気になっているのは、無関心な第三者意識の蔓延です。というのも、最近、ドキュメンタリー作家で映画監督の森達也(1)さんと話す機会があったのですが、彼がいうには、今の日本の人たちは、自分たちのことをイノセントな存在だと、心の底から思い込んでいるというんです。

テッサ　「罪のない一般市民」という言葉をよく聞きます。でも、これは必ずしも日本にかぎられた話ではなく、難民を排斥するオーストラリアの人たちの意識にも、似たようなところはあります。

姜　テッサさんのおっしゃるとおり、「罪のない」という枕詞がテレビや新聞に溢れかえっていますし、その極端なまでの加害者意識の消失が、オウム(2)叩きや拉致問題に対するヒステリックな反応に直結しているように感じられるんですね。森達也さんは、オウム教団内部から外の世界を撮った『A』という作品で、良識的な市民なるもののもう一つの側面を浮き彫りにしま

した。しかも、犯罪集団とレッテル張りしたオウム信者と地元住民たちのあいだに親密な交流が生まれたとしても、メディアがそれを報じることは決してない。

テッサ　おかしな話です。

姜　それで、僕はこう思うんです。つまり、福祉国家構想の破綻や「対テロ戦争」が引き金となった治安の悪化で、それまでフツーの日本人と思っていたマジョリティ側の人たちが、どんどん安全圏から危険域に追いやられている。そうした危機感と不安感がバネになって、地下鉄サリン事件の被害者や北朝鮮による拉致被害者への過剰な感情移入が生まれ、それがセキュリティに対する過敏な反応を作り出しているように思えてなりません。

テッサ　それが、マジョリティへの癒しの流行を生むのかもしれません。九〇年代の後半に加藤典洋[3]の『敗戦後論』が話題になったのも、ある意味、そうしたルサンチマンの文脈で理解可能です。

姜　たしかに、当事者たちへの理解は大切なことです。しかし、ある事件や事故の被害者に対する過剰な感情移入が湧きでてくるときは、まずは自分に対して冷静になったほうがいいと思います。そんなときは、往々にして、自分のなかの加害者性が見えなくなっているときが多い。

たとえば、金大中政権にはじまる韓国の対北朝鮮「宥和《ゆうわ》政策」を「平和ボケ」と鼻で笑って、拉致テロ国家北朝鮮への経済制裁の必要性を声高に叫ぶ人たちがいます。しかし、実際に南北で四〇〇万人もの犠牲者を出した朝鮮戦争のことをちょっとでも想像すれば、「宥和政策」が身を切る思いの決断だったことがわかるはずです。今もし、アメリカと五〇年間も平和条約を結んでいない状態の北朝鮮が、北東アジア地域で完全に孤立してしまったらどうなるでしょうか。核問題がこじれてアメリカの単独先制攻撃を許す事態にでもなれば、南北朝鮮全土を巻き込む戦争を誘発する可能性だってあるし、そうなれば膨大な犠牲者が出てしまうでしょう。

僕は、今のメディア関係者、あるいはメディアの情報に接するすべての人たちに、このイノセントな第三者意識について、少しでも意識的になってもらいたいんです。

テッサ たとえば、一九三〇年代後半から、朝鮮半島の人たちが日本に大量に連行されて、あちこちにダムをつくったりしたでしょう。戦国時代の武将の城郭を再現するのもいいのですが、そうした大規模工事のために被害にあった旧植民地の人たちの記念碑がほとんどないのは、なぜでしょうか。スミソニアン博物館[4]で原爆被災者の写真を展示することを拒否したアメリカを批判するのなら、自分たちの足元の問題にもきちんと向き合わなければならないはずです。

姜 第二次大戦中に建設したあの長野の松代大本営には、七〇〇〇人くらいの朝鮮人労働者がかりだされたのですが、その後の行方はまったくわかっていません。

テッサ 植民地問題や戦後補償というと、どこか遠い場所の出来事のように感じてしまうけれど、連行によって朝鮮半島から来た人たちがつくったダムがあり、そこに溜めた水を私たちが今も利用していることを意識すれば、何も「民族責任」という言葉を使わなくても、歴史的な出来事の連累のなかで私たちの暮らしが成り立っていることがはっきりと見えてくると思います。しかし、なぜかそういう試みはなされないのですね。

姜　民団(5)や総聯(6)では、過去にそういう動きがあったようですね。とくに、関東大震災の際に死んだ（殺された）朝鮮人被災者たちの記念碑をつくる構想は、今も進んでいるのではないかと思います。しかし、いずれにせよ、人はいつでも被害者になりうるし、同時に、普通に生活しているだけで他者を傷つける可能性だって常にある……。

▼視聴率調査をする会社が、なぜ一つだけなのか？

姜　そうした無関心な第三者意識を増幅させている最大のイデオロギー装置は、日本の場合、とくに地上波のテレビだと思うんです。僕が『朝まで生テレビ』をはじめとする番組に出はじめたのが湾岸戦争のころからだから、テレビとは一二年くらい、干支でいえば一回り分くらいの付き合いになるんですね。そこでも実感したことなのですが、このテレビが孕《はら》む問題を考えるためには、どうしても視聴率競争を抜きにしては語れません。

テッサ　最近、日本では、日本テレビの視聴率操作が、かなり問題になったようですね。

姜　新聞の場合、企業は、宣伝広告を面積で購入しますね。その面積あたりの値段には、新聞の部数によって当然「松・竹・梅」のようなバラッキがあります。テレビの場合、企業は広告枠（コマーシャルの枠）の時間を買うわけなんですが、その値段を決める基準となるものが視聴率です。

企業は、視聴率が高ければ社名や商品が広く知られるようになる、という前提で投資するわけですから、その意味では、日本テレビの視聴率操作は非常に大きな事件だったんですね。しかし、僕は前から思っていたのですが、コマーシャルを通じて人々の目にたくさん触れるならばマーケティングにつながるという経路は、じつのところ、ほとんど検証されていないんです。しかも、日本の場合、恐ろしいことに、視聴率を調査する会社はたしかビデオ・リサーチ社の一社だけなんですね。

テッサ　一社とは知りませんでした……、それは恐ろしいことですね。同社によればおよそ六〇〇〇世帯が視聴率調査の対象になっているようですが、彼ら彼女らがどうやって選ばれたのか、その経緯自体に不透明なものを感じる人がいても仕方がないでしょう。可能であれば、そのことを検証してみたいですね。競争原理がないことはたいへん大きな問題です。

姜　さらに、日本の場合、放送法(7)の存在がかなり大きくて、条文を厳密に検証してみると、報道の自由やジャーナリズムの独立性というものがどこまで許容されているか、非常に危ういものを感じています。

たとえば、今度のイラクへの自衛隊派兵問題では、あらかじめ防衛庁から各テレビ局へ要請があって、今後の取材は主に防衛庁ホームページなどで済ませてくれ、ということになっているんです。これはもう、完全な情報統制なんですよ。

▼ドキュメンタリー番組の蘇生法

テッサ　私が日本のテレビを見ていていちばん問題だと感じるのは、調査報道的な番組がほとんどないことです。つまり、政治家に攻撃的なインタビューをするジャーナリストがいないのです。おそらく、多くの場合、質問のリストを政治家に渡して、そのまま回答が来るのを待つだけではないですか。

姜　だから、メディア関係者は、防衛庁からの要請の異常さにもあまり気づかずに、受け入れてしまうわけなんです。それは、日常の取材活動の延長にすぎないわけだから。

テッサ　たとえば、オーストラリアには、テレビでも、政治家を厳しく追及するジャーナリストが少数ですが存在します。イギリスのＢＢＣの記者も、ブレア(8)に対して、大量破壊兵器の虚偽報告について、非常に熾烈《しれつ》な質問を浴びせていました。質問に対してごまかすような答えが返ってきたときに、記者が「私の聞きたいのはそういうことではない」と怒鳴る。考えてみれば、ジャーナリストたちは、一般の人々の代表として質問しているわけですから、当たり前のことなのですが。

姜　日本では、きっちりとしたドキュメンタリー番組自体が、「視聴率が取れない」という理由で、どんどんなくなっています。

テッサ　しかし、ブッシュ批判とアンチイラク戦争を唱えた『華氏９１１』で第五七回カンヌ国際映画祭のパルムドールを受賞したマイケル・ムーア[9]が昔つくったテレビ番組に、例のアポなし突撃取材型のスタイルを確立したシリーズがありますね（日本語版『マイケル・ムーアの〝恐るべき真実〟アホでマヌケなアメリカ白人』）。それが、報道に関して不自由となったアメリカでも、視聴率が取れる。きっちりとしたドキュメンタリー番組がつくれるわけでしょう。日本の場合、内部にいなければわからないような制約があるのかもしれません。

姜　オーストラリアでは、ドキュメンタリー番組はまだつくられつづけているんでしょう。

テッサ　とくにSBS（少数者たちのための公共放送局）なんかが、よくやっていますね。でも、私がおもしろいと思っているのが、オーストラリアのABCで長い間やっていた『ニュースの裏側』という番組です。それは、小学生くらいの子供たちに向けた教育番組で、今、話題になっているニュースの背景を細かく説明してくれるのですね。しかも、その出来事が、いろいろな国や地域でどのように報道されているのかも解説してくれます。うちの息子は昔よく見ていました。

姜　それはいい。

テッサ　さらに、ABCには『メディア・ウォッチ』という番組があります。これは、日本でいういわゆるゴールデン・タイムに、一週間に一度、一五分ほど放送されるのですが、たとえば、その週に起きた大きな事件や出来事を、テレビや新聞がどのように報じたかを、自局他局にかかわらずきっちりと批評する番組です。たとえば、オーストラリア軍のイラク参戦に関して、肯定的な報道を繰り返したメディアのことを、過去に垂れ流した言説までさかのぼって、批判的に論じていたのが印象的です。

姜　似たような番組は日本にもありますが、それは、政治批評眼をまったく欠いた、単なるワイドショーの一コーナーに過ぎないんですね。

▼ワイドショーは、地縁や血縁の代替物

姜　しかし、昔のワイドショーには、ある種、問題発見的な側面はあったんですよ。たとえば、一九六〇年代の半ばに、『木島則夫モーニングショー』[10]という番組がありました。これが、ワイドショーの草分け的な存在だったんです。後に、木島則夫は国会議員にもなりました。

テッサ　どれくらい続いたのですか。

姜　だいたい四年くらいですね。六〇年代の後半までやっていたようです。僕は、この初期ワイドショーには、ある種の社会的機能があったと思うんですね。新聞で言えば、社会部的な側面ということになりますね。

というのも、六〇年代のワイドショーでは、蒸発した父親の家族が出演して「お父さん、帰ってきて」と訴えるようなシーンがよくあったんです。実際に、テレビを見た父親が連絡をしてきて、再会のシーンを放映したりする。このころは、人や物の流動性がものすごく大きくなった時期で、それにともなって起きるさまざまな問題を、地縁や血縁を母体とした社会が引き

受けきれなくなってきたんですね。それを、テレビや新聞の社会面が代行するようになっていったわけです。

僕は、その変化自体を決して全面否定はしません。でも、イラクの問題のような大きな政治問題を人々の「暮らし」の場面に翻訳する機能を、今のワイドショーや新聞の社会面が果たしていかざるをえないのだとしたら、そこには高度な知識をもった論者（媒介者＝ミドルパーソン）や、番組制作関係者たちの高い問題意識が必要不可欠だと思います。しかし、現在、テレビのコメンテイターとして登場してくる論者（？）のほとんどが、その条件をクリアしていません。

無責任な発言を撒き散らすコメンテイターが、内容ではなく、振る舞いの好感度だけでお茶の間で受け入れられていく。これは、ほとんどポピュリズムと同じ構造だと思うんです。

テッサ オーストラリアの場合、テレビよりもラジオのほうが、その手の問題は深刻だと思いますね。難民問題に関する「一般聴者」の代表として、非常に人種差別的な考え方をもっている素人が登場して、排他的な言説を撒き散らす。このラジオの存在が、ハワード三選に果たした役割は、決して無視できるものではありません。

しかし、テレビに話を戻すと、抽象的な説明を伝えるのがこれほど難しいメディアもありませんよね。

姜 たしかに、難しいです。テレビの制作現場でよくいわれるのが、「それは絵になるのか」

という台詞です。

テッサ　だから、湾岸戦争の際によく流された石油で真っ黒になった水鳥の映像とか、九・一一の際の崩落するツインタワーとか、イラク戦争の際の引き倒されるサダム・フセイン像とか、それらの映像は、大きな事件を表象するイコン（icon）のようなものになってしまうのです。しかも、一度イコンになった映像は、その後も繰り返し反復されます。

だから、やりようによっては、個別具体的なメッセージを伝えるのに、これほど適したメディアもありません。たとえば、イラク戦争の際に、現地の人たちがどれだけ悲惨な目にあったのか、それぞれの体験を非常に効果的に視聴者に伝えることだって可能です。テレビの武器は、個々人の顔を生々しく映すところにあるように、私自身は感じます。

姜　それが、アメリカの戦車に搭乗したジャーナリストたちの苦労話ではまったく意味がないんですよ（笑）。それが伝える価値のあるものなのかどうか、諸々の情報の選別は、やはりメディア関係者の意識に委ねられるわけです。

テッサ　そうですね。たとえば、現在、遺伝子工学の分野では、人間の倫理に関わる重大な論争が繰り広げられています。しかし、「重病に侵された五歳の少女を救うために、遺伝子操作に一縷《いちる》の望みをつなぐ」という内容のドラマをつくったとき、感動的ではあるけれど、結論だけを見たらまったくおかしな作品となってしまう。

だから、これはあくまでも、テレビが不得手とする抽象的な説明を補うアイデアなのですが、

「放映された内容をもっと詳しく知りたかったら、以下のウェブを覗いてください」という情報を加えていくのも一つの手かもしれません。テレビ関係者が視聴者を文字情報へつなぐ役割を果たすことを心がける。そのことによって、視聴者の理解を深めるだけでなく、逆に番組制作に携わる人たちの意識が高まるような波及効果も、多少は期待できるでしょう。今後、さらにメディア・ミックスの流れが進んでいけば、テレビの画面とウェブの区別がなくなっていくでしょうし、技術的にもそれは十分に可能だと思います。

▼テレビのイデオロギー——この退屈な日常はずっと続いていく

テッサ しかし、別の側面で興味深い事態が進行しています。というのも、テレビの制作側が、意図的に中身のない番組をつくるようになっているでしょう。制作者にとっては、いかに安く、しかも消されない番組をつくるかこそが重要なのです。だから、日本だけではなくオーストラリアでもホームビデオの投稿番組が多くなっています。これなら制作費はタダ同然だし、面倒なことがない。これは、英語でいうと wallpaper ですね。

姜 壁紙。

テッサ テレビにクオリティを期待する視聴者自体が減っていることも事実です。食事の際に、BGM代わりにテレビをつけっぱなしにする家庭も多く、濃密な内容の番組はかえって敬遠される傾向もあるといわれています。

姜　一二年間、関わりつづけているうちに気づいたのですが、僕は、テレビが絶えず発信しつづけている無意識のメッセージは、保守性ではないかと思っています。つまり、この退屈な日常はずっと続いていくという、ある種のイデオロギー。

テッサ　それはおもしろい指摘ですね。

姜　だからこそ、ショッキングな事件が起きると、その映像が、時代を象徴するイコンになりうるようなインパクトをもってしまうんですね。そこには、デモクラシーがどうだとか、国際社会がどうだとか、そうした抽象的なメッセージは宿らない。先ほどテッサさんがおっしゃったように、心ある制作スタッフたちが、自分たちが発信した映像を文字情報につなぐ努力をしていくことは、ほんとうに大切だと思います。

テッサ　放っておけば、こういうメッセージになってしまいますからね、「外の世界は怖い。だから家から出ないで、テレビの前に座っているのがいちばん安全です」と（笑）。無関心な第三者意識の蔓延は、テレビから発信された無意識の保守性が、最大の原因かもしれません。

▼オンラインの可能性――北東アジア新聞

テッサ　理想をいえば、小学校や中学校を卒業するときに、学校が生徒たちにニュース番組をつくらせるような試みがあるといいですね。今の技術なら、簡単にできるはずです。小型ビデオカメラをつかってもいいし、ネット新聞をつくったっていい。とにかく、自分でニュース制作に関わることで、実際のニュースを批判的な眼差しで眺めることができるようになるかもしれません。

姜　それはいい。

テッサ　私はあまり、技術のユートピアのような主張はしたくないのですが、今のメディアの技術があれば、さまざまな可能性が見出せます。たとえば、韓国で九〇年代に民主化が一気に進むと同時に、世界的にも有数のオンライン網が整備されましたよね。そこで誕生した「オーマイニュース」[11]をはじめとする韓国のネット新聞が、二〇〇三年の盧武鉉政権誕生に大きな影響を与えたといわれていますよね。

姜　有名なオンライン上の落選運動ですが、初めは、組織的なネガティブキャンペーンを目的としたものではなかったんですね。むしろ、いろいろな政治家の過去の行動を「オーマイニュース」のようなメディアが報じる過程で、政治家や財閥と人脈でつながっていた「朝鮮日報」や「東亜日報」が伝えない事実が、あまりにも多いことが明らかになったんです。そこで、既存のメディアへの批判が高まり、大規模な不買運動が展開されたわけですね。それまでの韓国の政治は、あまりに極端な軍政支配を経たせいで、名望家支配と地域主義が結びついた、どうにもならない縁故関係や腐敗にあえいでいました。

テッサ　非常に大きな可能性を胚胎した動きだと、私は思います。

姜　そうですね。でも、日本でそれがすぐさま可能かというと、そう単純にはいかないでしょうね。権力側は搦《から》めとるのがうまいから、公職選挙法なんかをもちだして落選運動自体が違法だといいだす可能性もありますし。

しかし、この不買運動というのは、考えてみればものすごいことなんですよ。「朝鮮日報」なんかは、日本でいえば「読売新聞」にあたるような新聞でしょう。そうした保守系の大新聞の不買運動が実際に行われたわけです。いかにイラク攻撃の際にひどい報道を繰り広げたとはいっても、「読売新聞」を買うなという声がメジャーになるなんて想像できません。

テッサ 不買運動が日本で難しい理由の一つに、配達制度の存在があるかもしれません。

姜 それから、日本のメディアの場合、共同利害というものが強くて、お互いを公然と批判しあうようなことは難しいのでしょう。五大新聞の権威はそれで保持されているようなところがありますし。

テッサ でも、「読売新聞」一〇〇〇万部という景気のいい話をよく聞きますが、新聞全体のシェアはどんどん減っているのではないですか。

姜 新聞を読む人たちの数は、確実に減っているはずです。

テッサ 私は中学生のころから毎日、新聞を読みつづけていましたが、イラク侵略以降、報道内容のあまりのひどさに堪えきれなくなって、とうとう買わなくなりました。その代わり、インターネットでいろいろと読みます。とくに英語のサイトは種類も多くて、それほど困ることはありません。でも、日本語の場合、選択肢は多くはないでしょう。

姜　ないですね。

テッサ　「朝日新聞」とか「毎日新聞」をはじめとする五大新聞以外にも、たとえば、中国語、韓国語、日本語で、共通のオンライン新聞を出してほしいですね。

姜　技術的にもそう難しいことではないと思います。たとえば、韓国の主要な新聞はどれも日本語で読むことができるくらいですから。しかし逆に、日本の新聞が韓国語に訳されてすぐにネット上で読めることはないですよ。これは、ほんとうにおかしな話ですが。

テッサ　でも、毎日、韓国の新聞をオンラインでチェックしている日本の新聞記者は、ほとんどいないでしょう。だから、はじめから韓国、中国、日本という北東アジア地域の読者にむけた新聞をつくるのです。そこには大きな可能性が宿っていると思います。

▼オンラインで司法を民主化できるか

テッサ　二〇〇二年の韓国大統領選の際、オンライン新聞に裁判官の過去の判決をリストアップした表も公開され、非民主的な判決を繰り返していた裁判官が、多数罷免されました。これも非常に重要な出来事でした。

というのも、本来、立法、行政、司法という三権分立のなかで、とりわけ司法には、社会的に不利な立場におかれた人たちの権利を守るべき役割があります。政党を介した政治に希望がもてないならば、司法をいかに民主化できるかが、これからのデモクラシーにとって重要なポイントとなるのでしょう。

でも、オーストラリアの場合、その肝心の司法の長、つまり、最高裁判所の判事の任命権が、内閣にあります。日本やアメリカでも似たようなものですが。

姜　日本の場合、少々ややこしいけど、最高裁の長官の指名権は内閣に、任命権は天皇にあるんです。長官以外の裁判官は内閣に任命権があります。

テッサ　それではもう、三権分立ではありません。ちなみに、オーストラリアでは、八〇年代の初頭までは、多文化主義的な実験が各地で繰り広げられているのを尻目に、最高裁判所だけは、憲法解釈を避けるなど、相対的に保守的な路線を貫いてきました。

でも、九二年に有名な「マボ判決」[12]が下されます。それは、先住民アボリジニの土地（先住）権を認める非常に画期的な判決で、これによって、司法の風向きも劇的に変わりました。しかし、ハワード政権になってから、せっかく民主的に変化した最高裁の権限を、大幅に削減するような決定がなされています。

姜　とにかく、デモクラシーが生きている社会においては、司法にも力が宿るようなところがありますね。

たとえば、旧保守派の力が強い韓国国会で、盧武鉉の弾劾訴追案が可決され、大統領権限が停止された後、憲法裁判所[13]で罷免《ひめん》請求を棄却する判決が速やかに下されました。こうした動きは、日本ではほとんど考えられません。だいたい、地裁でおもしろい判決が出たとしても、最高裁でほとんどひっくり返ってしまうのが常です。
しかし、韓国ほど劇的な動きではありませんが、日本でも「一票の格差を考える会」のような、ネット上のおもしろい試みもあります。作曲家のすぎやまこういち氏が中心となって、最大五倍にも上る一票の格差を「合憲」と判断した裁判官たちの名前をネット上で公開し、国民審査の際に「×」をつけるように訴えつづけているんですね。
ただ、なかなか完全な是正にはいたっていませんね。日本にもしも憲法裁判所があれば、これだけの格差がありながら実施された選挙自体、明らかに違憲であり、無効と判断されるでしょう。韓国には憲法裁判所があるんです。ドイツにもある。

テッサ　残念ですが、オーストラリアには、憲法裁判所がありませんね。

姜　どうにかこの憲法裁判所を設置する手立てはないものか。市民運動を政党のアジェンダに載せることもなかなか難しい。代表されていないという感覚はますます強くなっている。でも、もしも最高裁で非民主的な体制寄りの判決が出た際に、人々の権利を守ってくれるセーフティ・ネットが必要だと思うんですね。今の制度では、司法に関心をもたなくなっている人たちが大勢いるのも仕方がないと思いますね。
そんなふうに、司法に対する幻滅感が浸透していくなかで、今、陪審制の導入だけがどんどん具体化しつつあります。民主的な判決が期待できない以上、もう自分たちの意思を直接反映させるしかないという考えが背景にあるのでしょうね。

テッサ　でも、日本での陪審制に関する議論を聞いたことがありますが、ちょっと危ない感じもしました。もちろん、そこには民主主義的な側面があるのですが、ポピュリズム的な要素も多分にあるでしょう。

日本のメディアは、容疑者が逮捕されると、その人物に関する情報を警察発表どおりわーっと流すでしょう。信じられないことに、今では、未成年者の顔写真まで掲載する雑誌があるくらいです。これも、ニュートラル・コーナー意識が生みだした過剰な反応の一種だと思いますが、そうした書き写しジャーナリズムの情報を鵜《う》呑《の》みにした「罪のない一般市民」が、法廷の場であっさりと死刑判決に賛成することは十分にありえます。だから、陪審制を導入するにしても、メディアとの関係を考慮した視点や、法律面における十全な整備が、必要不可欠だと思います。

二　グローバル権力と、内なる無力感への抵抗

▼企業の民主化――労働者だけでなく、消費者が企業経営に関わること

テッサ　テレビや新聞の問題の本質にも、ある種、企業市場が生みだす矛盾が横たわっている

と思います。これは、オーストラリアでも話し合った、公的領域と私的領域間の境界線の消失という事態と、深い部分ではつながっているように感じます。

姜　おっしゃるとおりですね。視聴率競争や新聞の部数競争は、ジャーナリズムの精神とはまったく関係のない、企業市場の領域です。

テッサ　企業市場と国家の相互浸透は、「経済と政治」、あるいは「公と私」の区分を、大きく変えてしまいました。実際、市場の社会的深化や、もろもろの民営化政策は、人々の暮らしを、ますます非人間的な力の影響下におくようになっています。これからは、企業の民主化こそがもっとも大きな争点となるのではないでしょうか。

たとえば、ポール・Q・ハーストという思想家は、これまでの国家機能を代行するようになった企業やNPOなど、いわゆる非政府組織の自立性を認めながらも、その見返りとして、民主的な行動をみずからに課すような社会憲章の創設を強く主張しています。おもしろいことに、ハーストは、労働者の代表だけではなく、消費者のような企業外の利害関係者たちも、企業経営に大きな発言力をもつべきであると強調しているのですね。

姜　実際に、実現可能かどうかは大いに議論されるところでしょうが、非常に興味深い提案ではありますね。

テッサ　アメリカの総合エネルギー商社エンロンや、イタリアに本社がある国際的な食品メーカーのパルマラット[14]の破綻（そして日本での数多い企業破綻）を見ると、企業の説明責任や情報開示義務の必要性は、最近ますます高まっています。その意味でも、ハーストが提起した問題については、これからみんなで、継続的に考えていかなければならないのでしょう。

▼企業の知的所有権を過剰に保護する国際協定「TRIPS」と、第三世界の人権侵害――グローバル権力に勝利したエイズ・キャンペーンの可能性

姜　企業の利益追求の飽くなき努力が、深刻な人権侵害を引き起こす例としては、イラク侵略と石油利権との密接な結びつきが、真っ先に思い浮かびます。

石油利権や軍産複合体の問題は、これまでにもいろんな論者によって指摘されてきました。一九六一年には、当時のアメリカ大統領アイゼンハワー[15]が、辞任演説のなかで、兵器開発を進める企業と軍の癒着に対して警告を発しています。彼は、そのときすでに「軍産複合体」という言葉を使って、企業の利益追求がアメリカの軍拡路線を招いている事態を憂慮していたんです。

それから半世紀近くが過ぎた現在、イラクの復興事業は、ブッシュ政権の副大統領チェイニーが最高経営責任者を務めたこともある世界第二位の石油会社ハリバートンが、独占的に受注することになりました。また、超大国アメリカの巨大な軍事人脈と結びついた企業が戦争によって莫大な利益を得る一方で、劣化ウラン弾やクラスター爆弾などの非人道的な兵器が降りそそぐイラクでは、民間人の死者は少なく見積もってすでに一万人を超えています。

テッサ　ここでちょっと考えてみたいのは、企業の権利が、とくに九〇年代以降、ほとんど過保護といえるくらいに手厚く整備されたことです。そもそも「法人」というのは、企業をフィクショナルな人間としてとらえる、資本主義勃興期の発明でした。その「法人」の権利が「民主的」に整えられていくなかで、とくに発展途上国における人権がどんどん損なわれている。このことは、街中の薬局の光景を思い浮かべると理解しやすいかもしれません。

たとえば、風邪を引いたり、怪我をしたりすると、みなさん薬局に行くでしょう。病院で治療を受けた場合でも、最終的には医師の指示に従って、薬局で薬を処方してもらうことになります。このとき、患者が購入する薬の価格が世界のどこに行っても同じようなものだったとしたら、いったいどうなってしまうのか——。

仮に、どんなに働いても一ヶ月あたり数千円程度しか収入が見込めないような国で、日本と同じ値段で薬が売られているとします。すると、日本では数百円程度で買える風邪薬が、その国では実質数万円くらいの価値になってしまうわけですよね。とくに一九九五年以降、こうした悪夢のような事態が、国際基準になりつつあります。

姜　現在、WTO加盟国は、企業による新製品の価格設定の権利を、最大限に認めなければならなくなっていますよね。

テッサ　もともと製薬業というのは、新製品の開発に莫大な予算とヒューマンパワーが必要とされる業種です。また、新薬ができても、政府認可の取得にいたるまで非常に長い時間がかかってしまう。でも、一度、製造工程が確立してしまえば、そこから先は、原材料費もさほどかかるわけではない。だから、製薬会社の立場からすれば、開発に経費をつぎ込んでもいない別の会社が、自分たちの新薬の類似品を安易に製造するようなことは、絶対に許しがたい行為だと主張します。

そこで、一九八〇年代に、主に製薬業界の経営者たちが主体となって「知的財産委員会」が結成されました。アメリカ経済界の大物たちを巻き込んだこの会の委員長は、大手製薬会社ファイザー社の会長エドムンド・プラットJrが務めています。彼ら彼女らは、企業の知的所有権[16]という概念に注目し、企業が開発した新製品の特許権を、もっと厳密に保護するべきだと主張したんですね。この働きかけの結果、一九九五年一月一日に、「知的所有権の貿易関連の側面に関する協定（TRIPS協定）」が発効されました。そしてこの日、GATT（関税貿易一般協定）がWTOに吸収されたのです。

姜　TRIPSは、ある意味、WTOの存在基盤とさえいえるような、重要な協定ですよね。

テッサ　WTOは、「自由」貿易を地球規模で普及することを目的として設置されました。名目はそうなのですが、実際にはいかに機能しているのか？　先進諸国の既得権益を擁護する場合が多いのです。

そのいちばん顕著なものが、TRIPSの成立でした。この協定は、先進諸国の、それもとりわけ大企業の知的所有権を護るために結ばれた法的な枠組みです。それでTRIPSには発展途上国の多くから厳しい批判が集中しています。

私見では、企業の知的所有権に、個人の創作物を保護する著作権の概念を導入しているところにTRIPSのいちばんの問題点があると思うのですが、いずれにせよこの協定の結果、エイズ治療薬の価格が、先進国と発展途上国でほとんど同じになってしまったのですね。

姜　これは、非常に深刻な問題です。まず、エイズが猛威を振るっているのは、アフリカ、アジア、南アメリカなど、経済的に決して豊かではない地域がほとんどでしょう。せっかく良い治療薬が開発されたとしても、たいへん高い価格で販売されたとしたら、大多数の患者たちには、とてもじゃないけど手が出せないはずです。

実際、TRIPSの存在によって、それこそ天文学的な数の患者たちが、高価な治療薬の恩恵にあずかることもなく、どんどん死んでいったでしょう。逆に、いくつかの多国籍製薬会社は、特許権の保護によって大きな収入を得ることができたはずです。

テッサ　でも、そのときにブラジルと南アフリカ政府が取った選択は、今後のデモクラシーを考えるうえで、非常に示唆的です。この二国は、TRIPSにある条項を自分たちに有利なように解釈し直して、特許の権利をもつ企業の許しを得ないまま、エイズ治療薬の値下げを断行しました。

姜　当然、さまざまな圧力があったでしょう。

テッサ　もちろんそうです。WTO、アメリカ合州国政府、製薬会社——それらグローバル権力からの強烈な圧力に対して、ブラジルと南アフリカは粘り強く抵抗しました。同時に、政府レベルだけでなく、NGOや労働組合のような各種の非政府組織が、国連を巻き込むキャンペーンを展開したのですね。

二〇〇一年、アメリカはついに、TRIPS協定違反として、ブラジルをWTOに提訴するにいたりました。しかし、その後の二国間交渉や、国連におけるエイズ問題に関する議論を経て、結局、アメリカは提訴を取り下げました。同じくこの年、NGOや労働組合からの批判をもろに受け、巨大製薬会社たちは、南アフリカ政府に対して起こした同様の訴訟を取り下げました。

そして、姜さんとオーストラリアで旅をご一緒した二〇〇三年一二月には、二つの大手製薬会社が南アフリカ政府と合意に達しました。このような動きのなかで、エイズ治療薬のコピー(ジェネリック薬)製造だけでなく、発展途上国への輸出(公衆衛生目的のみ)すらも認められるようになってきました。

このエイズ治療薬キャンペーンは、非常に多くのことをわれわれに教えてくれます。たとえば、ブラジルの場合、一九八八年に憲法が改正され、国民が健康にかかわる保護や援助を受ける権利を保障するようになりました。すなわちこの例では、ナショナルな憲法が、グローバル権力への抵抗運動に非常に大きな力を与えたのです。

しかし、多くのグローバルな約束事は、国民国家のより上位——世界的な寡頭制の頂点で決められるケースが多く、それに対抗するためには、一国の政府単位だけではなくて、今後さらに、国境を越えた運動を組織していかなければなりません。

姜　そうですね。安全保障、難民問題、環境問題。こうした課題に立ち向かうための、多極的なフォーラムづくりが、今後のデモクラシーに必要不可欠な課題となってくるでしょうね。

▼北東アジア共同の家――地域主義的なデモクラシーを支えるもの

テッサ　ここで私は、姜さんが数年来提唱されている「北東アジア共同の家[17]」構想に、たいへん興味があります。その内容が指し示す方向には、大きな可能性が宿っていると思います。北東アジア共同体のような地域主義的枠組みを構築していこうという政治構想を、姜さんは二〇〇一年の第一五一通常国会の衆議院憲法調査会で披露されましたよね。

姜　北東アジア地域には、日本、中国、ロシア、さらに、多くの軍事基地をもつアメリカなど、大国の力がひしめきあっています。しかも、南北朝鮮がもしも統一されたとしたら、そこにも、人口およそ七〇〇〇万人ほどの、フランス以上の人口圏が成立することになるんですね。地政学的にもこれほど強大な国民国家が集中している地域は、他にはありません。

ここに、国境を越えた多元的なネットワークをどんどん構築していくためにも、これらの六ヶ国が、安全保障や経済に関する問題をいっしょに協議できるような場をつくっていくことが、今後は必要となってくるでしょう。

テッサ　しかし、現在の朝鮮半島は、二つの国家に分断されているでしょう。姜さんが常々おっしゃっているように、北東アジア地域は、地上に残された最後の冷戦地帯でもあるのです。この韓国と北朝鮮のあいだに横たわる境界線の存在が、朝鮮半島や日本——とくに沖縄における駐留アメリカ軍のプレゼンスの弁解の一つとなっています。外交面における日本の極端なアメリカ依存も、北東アジア地域の隣人関係に、暗い影を投げかけていますしね。

姜　とにかく日米安全保障条約の存在は決定的で、第二次大戦以後の日本の外交は、アメリカとの二国関係に終始していたといっても過言ではありません。

この北東アジア地域の歴史を今の時点で振り返ってみると、二〇世紀はパクス・ジャポニカ(Pax Japonica ラテン語で「日本の平和」)の時代であったと総括することが可能だと思います。しかしその繁栄も、必ずしも日本が独力で切り開いたわけではなく、その時々の世界ナンバーワンの覇権国家と密接な二国間関係を結ぶことによって成し遂げてきた要素が大きいんですね。

第二次大戦以前は、日英同盟をベースにした、イギリスとの二国間関係。第二次大戦以後は、日米安保をベースにした、アメリカとの二国間関係——。

テッサ　その結果、日本は北東アジアに、真の意味での「隣人」をもちえなかったという負の遺産を背負ってしまいました。

姜　おっしゃるとおりです。第二次世界大戦以前は、朝鮮半島と台湾は日本の植民地でした。

中国もほとんど、西欧の列強たちの半植民地のような状態だったし、東北部は、日本の傀儡《かいらい》国家である満州国の樹立によって、無残に切り離されてしまいました。第二次大戦後も、中国内戦や朝鮮戦争の結果、日本以外の北東アジア各国は、依然として、南北朝鮮や中台関係のような分断の問題を抱えています。

これは、ドイツをめぐる戦後のヨーロッパの国際情勢とは、根本的に違っているんですね。ナチスを生みだし、戦争の大きな原因の一つをつくった国家ではなく、過去に植民地や半植民地であった国々が、分断の苦しみに喘《あえ》いでいる……。

しかし、日英同盟が最終的には破綻してしまったように、日米の二国間関係がいつまでも磐《ばん》石《じゃく》だとは、僕には到底思えません。とくに、イラク攻撃の際、単独主義を押し通して孤立したアメリカを唯一のチャンネルとするような外交は、いまや大きなリスクをともなうものでしかない。だから、今こそ、近隣のアジア諸国とのあいだに、ほんとうのパートナーシップをつくらなければならないんです。

▼北東アジア共同の家の境界線さえも解体する

テッサ　経済的な側面から見れば、すでに境界線は消失しているのですね。たとえば、サハリンの天然ガス開発には、サハリン州政府やロシア国内企業、そして、三井物産や三菱商事などの日本企業が、共同で参画しています。企業間協力はすでにできあがっているが、人間の協力が、まだ十分にできていない状態です。どうすれば、草の根レベルでの協調が図れるのか。今後、みんなで考えていかなければならないでしょう。

とにかく、情報の共有は、デモクラシーにとって決定的に重要だと思います。北東アジア地域の人たちが、同じ情報をオン・タイムで得ることができる環境が整えば、そこに生きる人たちが、自分たちの暮らしを好転させるための動きを、もっと活性化することができるはずです。韓国で急速に進行しつつある民主化の流れも、周辺地域にもっと広げていくことが可能になってくるでしょう。

姜　そのためには、まず、北朝鮮の核開発問題を平和的に解決する安全保障の枠組みづくりから始めるべきだと、僕は考えています。

とくに、朝鮮戦争後、北朝鮮とアメリカのあいだでは、一九五三年の休戦協定のほかに平和条約がいまだに締結されていない状態です。いわば「撃ち方止《や》め」の緊張関係が、半世紀以上もつづいているんですね。その間、国交が途絶えたままの隣人である日本や韓国は、アメリカとの軍事的な協力体制をますます強化し、九〇年代には共産圏の旗頭であったソビエト連邦も崩壊してしまいます。中国も市場開放政策に路線転換し、北朝鮮は国際的に孤立化を深めていったんですね。

政治学の常識では、国際的に極端に孤立化した国が最終的に用いる手段は、核武装なんです。しかし、現在の日本における報道からは、金正日の人格的な異常さや、国家ぐるみの集団ヒステリー的な文脈以外で、北朝鮮の核開発の理由が語られることはありません。

僕は、小泉政権が「結果的」に成しえた最大の功績は、二〇〇二年九月の日朝首脳会談と、日朝平壌《ピョンヤン》宣言(18)だったと思っています。ここで重要なことは、朝鮮半島における多国間主義的な交渉の可能性が、提示されていることなんです。宣言文には、次のような言葉がしっかりと明記されていますよ。

「双方（日本と北朝鮮）は、核問題およびミサイル問題を含む安全保障上の諸問題に関し、関係諸国間の対話を促進し、問題解決を図ることの必要性を確認した」

本来ならば、この宣言文を足がかりにして、国際的な安全保障会議を立ち上げ、日本が五五年体制に代わる平和秩序の構築に主体的に乗りだす、最大のチャンスだったんです。しかし、会談の席上で、金正日が拉致の事実を認め、謝罪したことで、北朝鮮に対する国民的な憎悪が一気に噴出してしまいました。

この結果、日朝国交正常化交渉は、依然として凍結した状態がつづいています。拉致問題の解決と経済支援の交換取引に見切りをつけた北朝鮮は、一気に態度を硬化させ、核のカードをもちだしてアメリカとの直接交渉に乗りだしました。（その後、拉致問題で膠着していた国交正常化交渉の打開のために、二〇〇四年五月、小泉首相が再度平壌を訪れた。）

とにかく、国交正常化は何よりも優先すべきことです。金正日体制がいかに異常なものであったとしても、情報や人の交流があれば、北朝鮮も自然に民主化の方向に変化する可能性があるでしょう。

テッサ　ここで、北東アジア共同の家という地域主義的な枠組みを考えていくときに、ＥＵの成功と失敗の両面を検討してみることは非常に有益だと、私は考えます。

姜　ちなみに、ＥＵの試みでよかった点は、どのあたりだとお考えですか。

テッサ　そうですね、まず、ＥＵ圏内における、モノや情報や人の移動が円滑になった点ですね。さらに、ヨーロッパ裁判所の設立によって、各国における社会政策や人権保護が、総体的に好転しました。ただ、むしろ悪化した側面にこそ、私たちは積極的に目を向けなければなりません。

まず、ユーロのような通貨統合を経て、ＥＵ圏内で、自由貿易がさかんに行われるようになりました。しかし、じつのところ、それはまったく不平等な競争になっているのです。そもそも経済規模がまったく異なった国同士が、一つの共同体に一気に組み込まれたわけですから、相対的な弱者の救済がどれだけ保障されるかは、きわめて重要な政治課題であったはずです。しかし、それはまったく不十分で、ＥＵ内部の勝ち組と負け組の分断線が、ますます浮き彫りになっているのが現状です。

そして、もう一つ重要なのは、ＥＵ加盟国と非加盟国のあいだに横たわる境界線が、以前よりも強化されてしまった点です。たしかに、ＥＵ内部のさまざまな移動に関しては自由度が飛躍的に高まりましたが、アフリカやアジアからの移民を排斥するような動きも活性化しつつあります。これはまことに憂慮すべき事態です。

北東アジア地域でも、人の移動は五ヶ国に限定できないでしょう。とくに、フィリピンなど東南アジア、あるいは南アジアからの移民は非常に多いはずです。だから、北朝鮮の核開発問題をはじめとする国家間の安全保障以外の側面では、むしろこの境界を積極的に解体していったほうがいいと私は思います。

姜 たしかに、北東アジア共同の家も、最終的には、境界線をどこまでゆるやかにできるかがポイントになってくるでしょう。北東アジアの住民と「外国人」を厳密に分けるような動きがあっては、この政治構想にもまったく意味がなくなってしまいます。

▼内なる無力感と、憎悪の連鎖に抗して

姜 ところで、この間、移民に関する日仏フォーラムに参加したときに、非常に驚いたのですが、フランスでは移民たちの心理的なケアを保障する制度があるのだそうです。日本にいると、移民問題は、主に政治経済的な側面からしか語られていないので、たいへん新鮮な印象を受けました。日本では、これからもっと多角的に移民や難民のことを理解していかなければならないでしょう。そのためにも、誰かが「移民学」や「移動学」のようなものを立ち上げるべきだと思いますね。

テッサ 地域協調の達成のためには、たとえば環境問題なら環境問題といったように、テーマ

ごとに分けた地域フォーラムの設立が、どうしても必要だと感じます。
そしてこれは重要です。移民問題、難民問題の国際フォーラムをつくる場合は、必ず移民や難民の代表を入れること。

姜　そのとおりですね。

テッサ　ただし、私は個人的には、移民問題や難民問題はありえない、存在するのは、非移民問題や非難民問題だと考えます。

姜　どういうことですか？

テッサ　歴史を見てみれば明白ですが、常に問題があるのは、多数者の側です。たとえば日本でアイヌ問題なんて存在しえますか？　問題があるのは和人の側なのではないでしょうか。

姜　ああ、そうですね……。

テッサ　じつはこれは、前にもお話しした、オーストラリアのホイットラム元首相の言葉の借用です。彼はいいました。「オーストラリアに黒人（アボリジニ）問題などない。あるのは白人問題だ」と（笑）。

姜　すごい首相がいたものです（笑）。そうした移民に関する見方を教えてくれたり、グローバル権力にかかわる知識をもつためのテキストがあればいいですよね。WTOのようなグローバル権力の危険性を、子供でも理解できるような教科書を、国連やNGOがつくるべきだと、僕はずっと思っていました。

テッサ　それから是非とも、秋のアメリカ大統領選に、国連やＮＧＯの選挙監視団を送ってほしいですね（笑）。（その後、二〇〇四年八月の報道で、アメリカ国務省が欧州安保協力機構の国際選挙監視団の派遣を要請していたことが明らかになった。）

姜　すばらしい意見です（笑）。しかも、洒落《しゃれ》になっていないところが恐ろしい……。

テッサ　いずれにせよ、グローバルな権力が国民国家の範囲を超えているならば、それに抵抗するためのネットワークにも、いろいろなチャンネルがあったほうがいいし、フレキシビリティも必要となってくるでしょう。安保、難民、環境といった、一国だけでは立ち行かなくなった問題を解決するためには、エイズ治療薬キャンペーンのように、ＮＧＯや地域同士の交流が不可欠なはずです。

　私自身は、国際的なフォーラムなどで、移民たちの声を聞くことと、それを届ける機会をどんどんつくっていくことが重要ではないかと考えています。たとえば、中国から日本への不法入国者が増えていますが、放っておけば、石原慎太郎のようなタチの悪い政治家に、「中国人犯罪者の民族的ＤＮＡ」といったレイシズムの発言を繰り返されてしまうだけでしょう……。

　ここでちょっと触れておきたいのは、これまでにさんざん話題にしてきたデモクラシーの空洞化や、代表制の機能不全の必然的な帰結として、政治的な突破口を見出すことのできないフラストレーションが、人々の心のなかに憎悪やヒステリーをますます増大させている点ですね。ポピュリズムの政治家というのは、人々が抱く不可視の不安やフラストレーションに、可視のはけ口を与えます。これが、「憎悪の政治学（politics of hatred）」ですね。

姜　バッシングの対象は、めまぐるしく変わっていきますね。オウム、北朝鮮、中国人、芸能人、政治家……。

テッサ　政治的な無力感が、自分に対する嫌悪と、そのはけ口として、他者への憎悪をもたらす。2ちゃんねるの書き込みは、まるでそれでしょ。この悪夢のような循環から脱け出すためには、目の前の不正義（wrongs）に対して何らかの行動をとることを諦めてはなりません。少なくとも、国際法に明らかに違反して他国を武力攻撃するという暴挙に対して、一一〇〇万人もの人々が立ち上がり、その何倍もの人々がアメリカの行為を不正義だと批判する能力を失ってはいなかった。

現在、日本でも、心あるジャーナリストやボランティアの人たちが、現地の人たちのためにイラクで精力的に活動をつづけています。みんなが、そこまで勇気を示す必要はありませんが、抗議の手紙を書いたり、電子メールを送ったり、自らの疑問に答えてくれるような書籍やウェブサイトを探したり、あるいはホームページをつくるなどして、今ある暮らしのなかでも十分可能な行動を、過ちを恐れずに試みてほしいと、私は願っています。

姜　いま、テッサさんがおっしゃったことを、あえて例のマニフェストふうにまとめてみると、こんな感じになるでしょうか（笑）。

私たちは、権力による抑圧に抗するために、失敗を恐れずに行動する権利がある——。

（会議室の窓の外が、だんだん暗くなってくる。）

姜　テッサさん、ここまで長々と議論を重ねてきましたが、そろそろ読者に出番を譲るべきときが来たかもしれませんね。

テッサ　そうですね。アイデアはまだまだ尽きませんが、あとは、私たちの対話を読んでくれる人たちに、委ねることにいたしましょう——。

（テッサ、テーブルの上に置かれたテープ・レコーダーを手に取る。しばらく無言で見つめた後、ボソリとつぶやく。）

テッサ　全宇宙が、親しげに、僕をこづいたような気がした。

姜　何ですか、それは？

テッサ　ロレンス・ダレル『アレクサンドリア四重奏』の最後の言葉ですよ。私たちの話し言葉が、よき書き言葉になりますように——。

（録音停止ボタンを、ゆっくりと押す。）

Tessa Morris-Suzuki

あとがき

本書の対話を通じてわたしたちが読者と共に考えたかったのは、デモクラシーに「消費者」なぞ存在しないということであり、デモクラシーは、それを不断によりよく作り変えていく公的な存在としての「デーモス（demos）」によってはじめて生命を与えられるという点だった。この限りで、読者は、書籍市場で本書を買い求め、それを読み、思索し、洞察を深めるだけでは、まだ「デーモス」にはなっていないことになる。

確かに、自分たちの主要な問題についての知識を広げ、洞察を深めるのは大切な作業である。だが、それが具体的な実践へと踏み込んでいくための生きた動機づけにならなければ、依然として読者は、書籍市場の「消費者」ではあっても、「デーモス」として公的な空間に足を踏み入れていないことになる。わたしたちは、読者が、一ミリでも、一センチでも、具体的な行動に踏み出して欲しいとの願いをこめ、この対話の企画を思い立った。

もちろん、こんなわたしたちのメッセージも空《うつ》ろに響くほど、現実世界におけるデモクラシーの惨状は目をおおいたくなる。

本書でも何度か言及したように、「デモクラシーの危機」という月並みな言葉では表現できないほど、デモクラシーは瀕死の重病に冒され、死期を迎えようとしているように見えることがある。なぜそうなったのかについてわたしたちは、いろいろなアングルから解き明かそうとした。そのようなデモクラシーの惨状をもたらした原因には、わたしたちが「消費者」に甘んじ、その殻を打ち破ることに臆病だったり、その居心地のよさに慣れてしまった惰性があるように思えてならない。さらに直截的には、わたしたちを蝕んでいるこの無力感こそ、デモクラシーをこれほどまでに蝕んでしまった元凶だったのだろう。

もちろん、この無力感にはそれなりの理由がある。なぜなら、現代ほど、わたしたち「デーモス」と権力との距離が近いように感じられながら、現実にはこれほどその距離が大きくなってしまった時代は他にないからである。

実際、さまざまなメディアを通じ、政治家や有力者、リーダーたちとのヴァーチャルな距離感覚はほとんど消えうせつつあるのではないかと錯覚してしまう。テレビには、まるでお茶の間に自分たちと一緒にくつろいでいるような大統領や首相たちが親しく映し出される。それこそ複製時代の芸術ではないが、政治からもまた、カリスマ的な「アウラ」(オーラ)は消えうせ、ヴァーチャルな親しみやすい権力者のイコンがメディアを通じて複製=反復される。そしてこの電子イメージこそが、メディア(媒介者)そのものになってしまうことで、メディアに適合するポピュリスト政治家をのさばらせる結果を招いたのである。彼ら彼女らは、多くの人々が観たいと思うものをそのまま投影する「ロールシャッハ・テストのインクの染み」のように、権力とわたしたちの距離を近づけてくれるのである。だがひとたび、現実の公的な空間のなかで、「デーモス」として権力者たちに意志を伝えようとしたり、権力者の政策や決定を変えようと試みた瞬間、自分たちと権力との距離が目もくらむほど大きいことを思い知らされるだろう。

その上、およそデモクラシーのルールに従って民主的に選出されるわけでなく、デーモスに応答責任を負うわけでもないさまざまな国際的な機関や組織、グローバル企業などの巨大な影響力を考えると、わたしたちのなかに深い無力感が浸透してきたとしても決して不思議ではなかった。そしてその無力感は、孤立感を生み出し、時には自己嫌悪すら引き起こす。その無力感に根ざす自己嫌悪は、場合によっては自分の外に恐怖や憎しみのターゲットを見出したとたん、それらに対する憤怒や排斥のエネルギーに反転することにもなりかねない。つまり、ここではデモクラシーを否定する「反デモクラシー」のエネルギーの放出によって、自分たちが孤独ではないことを確かめ合う倒錯したコミュニティが作られる可能性がある。

日本だけでなく、多くの国々に巣くうこのような「内向きナショナリズム」の病理に、わたしたちふたりは、深い危機感を覚えた。それゆえ、この倒錯した「反デモクラシー」のエネルギーをデモクラシーの新たな冒険へと誘うことこそ、わたしたちがこの対話を企画した狙いに他ならなかった。

比喩的にいえば、デモクラシーにおいて無力感に浸り、「消費者」の立場から脱け出せない人々は、ある意味で「強迫パーソナリティ」に近い状況に陥っているとも考えられる。その顕著な特徴は、無力感の裏返しとしての確実な未来とその保証を要求する一方、デモクラシーの限界を受け入れながらも少しずつでもそれを作り変えていく行動を、頑なに拒否しようとすることである。そこには、デモクラシーに対する乾いた不信感があるだけでなく、そうしたことに決定的な関わりをもつのを控えたいという防衛機制が働く。

だが、わたしたちの生において他者への決定的な関わりから身を引き、しかるべき保証なしには飛躍することをためらうのは、新しい試みに対する障害となる。デモクラシーには、予定調和的に和合するとは限らない他者との出会いが必要であり、そうした出会いを通じて絶えず作り変えられていく公的な空間がなければならない。それはすでに整えられてわたしたちの目の前に舞台として設定されているものではない。未来の絶対的な安全や安心、保証を必ずしも約束するものではないが、その舞台はわたしたちが構築する。

デモクラシーは、決して完成されることがない。絶えず未完成であり続けるはずだ。人間としての限界によって制約されてはいても、デモクラシーの空間にデーモスとして足を踏み入れ、自分たちが公的な存在として相互に認知し合うとき、自分は決して無力ではないことをはじめて感じるのではなかろうか。そのためには、不満をもちつつもどこかで無力感と裏腹な居心地のよい「消費者」であることから脱け出さなければならない。

それでは具体的にどうしたらいいのか。まずわたしたちデーモスが、政治家や専門家たちより、ある意味で「賢い」ことを悟るべきである。正確にいえば、「賢くなる」ことはできるし、また「賢くなる」努力を続けるべきであろう。そのために、法外なエネルギーや時間がかかるわけではない。新聞や雑誌、ラジオやテレビに登場する識者や専門家、アンカーパーソンやウォッチャーたちの言説のうち、どれが「まとも」なのか、それを識別する「目利き」の力を養うことである。現実が恐ろしく複雑であるにもかかわらず、それを単純明快なわかりやすさに置き換えるレトリックにはいつも疑いの眼差しを忘れてはならない。わたしたちの生がそうであるように、デモクラシーにかかわる共同の事柄で、複雑さを免れる問題などひとつとしてないからである。この適度の懐疑の目を養えば、いまわたしたちデーモスにとって何が問題なのか、何が優先的に議論されなければならないのか、問題の背後に一体どんな具体的な経験の積み重ねがあったのか、こうしたことが少しずつわかってくるはずだ。

さらに大切なのは、テレビなどの映像メディアが、実は操作や幻想、偽造などの影響を及ぼしやすいものである点を片時も忘れないことである。映像は決して嘘をつかないのではなく、そうした影響に絶えずさらされている自分をあらかじめ理解しておくことが重要だ。

こういうと、あれも信じるな、これも信じるなと、なにやら皮肉っぽい懐疑主義者となるよう薦めているみたいだが、決してそうではない。どんなメディアでも、ありのままの現実と世界を映し出すことなどありえないという重要な視点をもつ必要を、強調したいのである。なぜなら、その「目利き」がなければ、わたしたちは、たちまち「観客民主主義」の「消費者」に転落させられてしまうのだから。

　さらに薦めたいのは、やはり大手のメディア以外のさまざまなメディアを少しでも利用することである。わたしたちは、インターネットをはじめ、いろいろなメディアに取り囲まれている。それは、市場の価値増殖と密接にからんでいるのだが、わたしたちの意図次第で、そうしたメディアは、デモクラシーの武器にもなり、またそれを壊す武器にもなりうる。ネット上の議論空間が、どこまでデモクラシーの新しい冒険に貢献することになるのか、定まった図式があるわけではもちろんない。ただそれが、多くの人々との間に「デーモス」のきずなを広げる可能性をもっていることだけは確実だろう。

　時間がないとこぼしている読者には、本書にあるとおり、デモクラシーについての自分のアイデアを一言でも書き込んで発信してみて欲しい。それだけで、すでに読者は、「デーモス」となる扉を叩いていることになるのだから。

　そして投票所に行くことに懐疑的な読者や、「支持政党なし」をあえて意識的に選択している読者は、本書で薦めているとおり、ネット上で「支持政党なし党」の結成でも呼びかけてみてはどうだろうか。

　もちろん、選挙のときには必ず投票所に足を運ぶ「常連」の読者も、本書を通じて自分の投票行動というものについてあらためて考えをめぐらせば、デモクラシーの冒険にはいろいろな実践と方法があることに気づくと思う。そしてそのうちで気に入ったものがあれば、とにかく実際にやってみることをお勧めしたい。

世界は、戦争が平和であり、隷従が自由であり、暴力が安全であるような、倒錯した現実に向けて転げ落ちて行くように、わたしたちには感じられた。そうしたなかでわたしたちは、対話を通じ相互に啓発し合い、時には身を震わすような緊張を強いる議論にたっぷりと時間を費やすことができた。

帰属するナショナリティも違い、またそれぞれに異なった背景をもつふたりが、こうしてデモクラシーについて熟考と討論の機会を分かち合えたことは、かけがえのない喜びである。と同時にこのような国境を越えた対話が成り立つことに、グローバル・デモクラシーの可能性への予兆のようなものを感じずにはいられない。わたしたちの対話が、グローバル・デモクラシーの未来を語りえたのも、対話そのものが幸運にも越境的な出会いによってかなえられたからである。このような対話は決して偶然が起こした稀な事例ではないのだ。そしてこの対話から、縦横無尽に、伸びやかに、そして闊達にさまざまな出会いと、さらなる対話が発展していくことを願っている。その意味で、わたしたちの対話は、グローバル・デモクラシーに向けた触媒の意味があるに違いない。単なる思索や省察にとどまらず、より実践的なインセンティブを読者と共に考えたいと思い続けてきたわたしたちのアクチュアルな動機は、結果として本書のなかに生かされていると自負する。

そしていつもながら、本書の生みの親にも等しい苦労をこころよく引き受けてくれた集英社新書の落合勝人さんに心から感謝したい。落合さんの尽力がなければ、このようなスリリングでエキサイティングな対話は決して実現できなかったろう、とわたしたちは考える。

姜尚中
テッサ・モーリス－スズキ

人物・用語解説

▼序章

（1）**イラク戦争**　二〇〇一年九月一一日のアメリカ同時多発テロ後、その首謀者とみられるアルカイダを保護しているとして、アフガンを侵攻した米・英は、国際社会をテロの脅威から守ることを標榜し、イラクに国連決議の無条件・即時履行を求めた。しかし、交渉は決裂し、国連も解決への役割を果たせず、〇三年三月二〇日未明の米軍のイラクへの空爆によって戦争が開始される。同年五月一日に戦闘終結宣言が出されるが、その後も混乱が続き、攻撃理由の一つとされた大量破壊兵器の存在も確認されず、その発見は断念された。

（2）**ベトナム戦争**　ベトナム民族が、解放・統一・独立を果たすべく、アメリカによる軍事介入に抵抗し、サイゴン傀儡政府を打倒した、一九六〇年ごろから始まるおよそ一五年にわたる戦争。

（3）**アルジャジーラ**　Aljazeera　カタールの衛星テレビ放送局。アラビア語によるニュース専門チャンネル。アラビア語と英語のウェブサイトがある。

（4）**『すばらしき新世界』**　A・ハックスリーの著書。一九三二年刊行。科学技術の進歩により、人間の精神と肉体が完全管理される未来社会を描いた反ユートピア小説。

（5）**ロレンス・ダレル**　Lawrence George Durrell　一九一二年生。イギリスの小説家・詩人。著書に『ジュスティーヌ』『バルタザール』『マウントオリーブ』『クレア』の四部作からなる『アレクサンドリア四重奏』など。九〇年没。

▼第一章

（1）**ジェリー・ルービン**　Jerry Rubin　一九三八年生。バークレーの反戦運動家。六八年、アビー・ホフマンと青年国際党（Youth International Party）を立ち上げ、自らをヒッピーならぬイッピー（Yippies）と名乗る。九四年没。

(2)**安保闘争**　日米安全保障条約の改定に反対する闘争。一九五九〜六〇年に、全国規模で展開。岸信介内閣は、条約の自然承認を待ち、退陣した。七〇年にも条約延長をめぐる反対闘争が行われた。

(3)**フランシス・フクヤマ**　Francis Fukuyama　一九五二年生。アメリカの政治経済学者。ジョンズ・ホプキンズ大学教授。著書『歴史の終わり』ほか。

(4)**アルカイダ**　Al Qaida　ウサマ・ビンラディンを指導者として、一九八〇年代後半、アフガン解放を目的として設立された組織。二〇〇一年九月一一日のアメリカ同時多発テロの主犯グループと考えられている。

(5)**ビンラディン**　Usama Bin Laden　一九五七年、サウジアラビアの富豪ラディン家に生まれる。アルカイダを組織。湾岸戦争時、アメリカ軍の駐留を許可したサウジアラビア政府と対立。タリバンの庇護下に入る。

(6)**タリバン**　Taliban　ソ連撤退後のアフガニスタンで、ムハマド・オマル導師の主導で結成された武装勢力。一九九六年、カブールを制圧し、アフガニスタン・イスラム首長国を宣言。米・英軍による報復攻撃により崩壊。

(7)**サダム・フセイン**　Ṣaddām Ḥusayn　一九三七年生。バース党副書記長・革命評議会副議長を経て、七九年、イラク大統領に就任。九〇年、クウェートに武力侵攻するが、九一年、アメリカを中心とする多国籍軍の攻撃により撤退（湾岸戦争）。イラク戦争時、国内に潜伏するが、二〇〇三年一二月一四日、身柄を拘束された。

(8)**ブッシュ**　George Walker Bush　一九四六年生。九四年、テキサス州知事に当選。二〇〇一年、第四三代アメリカ大統領に就任（共和党代表）。イェール大学卒業。父は第四一代アメリカ大統領。

(9)**ラムズフェルド**　Donald Henry Rumsfeld　一九三二年生。アメリカの第二一代国防長官。プリンストン大学卒業。

(10)**チェイニー**　Richard Bruce Cheney　一九四一年生。第一七代国防長官を経て、二〇〇一年、アメリカ副大統領に就任。ワイオミング大学大学院卒業。

(11)**クレイステネス**　Kleisthenēs　紀元前六世紀頃のアテネの政治家。僭主制打倒の後、陶片追放（オストラシズム）の制定や部族解体など地区改革・行政改革・軍事改革を通し、民主制への発展を推進。

(12) **ベンジャミン・バーバー** Benjamin R. Barber 一九三九年生。メリーランド大学政治学教授。著書『予防戦争という論理』ほか。

(13) **アル・ゴア** Albert Arnold Gore 一九四八年生。アメリカの政治家。九三年、第四五代副大統領に就任(在任二〇〇一年まで)。二〇〇〇年の大統領選挙に立候補(民主党代表)するが、敗退。

(14) **ジョン・ハワード** John Winston Howard 一九三九年生。オーストラリアの政治家。八五〜八九年、自由党党首を務め、九五年に再度、党首就任。九六年、オーストラリア連邦首相に就任。

(15) **有事三法案** 有事法制関連三法案(武力攻撃事態対処法、改正自衛隊法、改正安全保障会議設置法)。二〇〇三年六月六日成立。外国からの武力攻撃など有事における対応を定めた法案。

(16) **マルクス** Karl Heinrich Marx 一八一八年生。ドイツの哲学者・経済学者・革命家。六四年、第一インターナショナルを創設し、六七年、『資本論』第一巻を出版。エンゲルスとの共著『共産党宣言』では、プロレタリア革命を打ちだし、その後の革命運動に多大な影響を与える。八三年没。

(17) **エンゲルス** Friedrich Engels 一八二〇年生。ドイツの経済学者・革命家。マルクスの没後、『資本論』の第二・三巻を整理・刊行。著書『家族・私有財産および国家の起源』ほか。九五年没。

(18) **非自民・非共産の八党派による連立政権** 一九九三年の総選挙の結果、自民党・社会党の議席が減少し、新生党、日本新党、新党さきがけの新党グループが躍進。その結果をうけ、非自民党・非共産党の七政党と一会派(日本社会党・新生党・公明党・日本新党・民社党・新党さきがけ・社会民主連合・民主改革連合)による細川護熙連立内閣が成立。

(19) **小選挙区・比例代表並立制** 一九九四年、政治改革関連四法の一つとして成立した改正公職選挙法により導入。それまでの中選挙区制に替わり、小選挙区制と比例代表制の組み合わせによって、一定数の議員をそれぞれの制度で別個に選出する制度。

(20) **森喜朗** 一九三七年、石川県生。政治家。二〇〇〇年、自由民主党総裁・内閣総理大臣に就任。翌年辞職。

(21) **マーガレット・サッチャー** Margaret Hilda Thatcher 一九二五年生。イギリスの政治家。七五年、保守党党首となり、七九年からイギリス首相。九〇年辞任。

(22) **レーガン** Ronald Reagan 一九一一年生。アメリカの政治家。映画俳優から政界入りし、六六年、カリフォルニア州知事。八一年、共和党代表として第四〇代アメリカ大統領に就任(在任八九年まで)。二〇〇四年没。

(23) **グローバリゼーション** globalization 地球(globe)から作られた造語。人間の活動が、国家の枠組みを越え、地球的規模になり、その領域的、時間的拘束から解放される現象を指す。

(24) **フランス革命** 一七八九〜九九年。フランスで起きた市民革命。人権宣言、立憲君主憲法を制定。王権を停止し、共和制をとり、一六世紀から続いた絶対王政の封建主義的な社会体制を打倒し、民主主義の端緒となる。

(25) **エマニュエル・トッド** Emmanuel Todd 一九五一年生。フランスの人類学者・人口学者。フランス国立人口学研究所資料局長。著書『帝国以後』で、アメリカによる帝国秩序の衰退を予測し、ヨーロッパ、北アメリカ、東アジア、ロシアなどの経済地域の形成と、複数の国々による均衡と共存が成立しつつある現状を提示。

(26) **アントニオ・ネグリ** Antonio Negri 一九三三年生。イタリアの政治哲学者。マルクス研究とスピノザ研究で注目を集める。七九年、赤い旅団による議員誘拐・殺害の実行犯の一人として逮捕。八三年、国会議員に当選。議員不逮捕特権により出獄後、フランスに亡命。九七年、イタリアに帰国。著書『帝国』(ハートと共著)ほか。

(27) **マイケル・ハート** Michael Hardt 一九六〇年生。デューク大学助教授。比較文学。ネグリに師事。著書『帝国』(ネグリと共著)ほか。

(28) **『帝国』** ネグリ/ハート共著。二〇〇〇年刊行。グローバリゼーションにともなって、全世界に行きわたりつつある新しい秩序を〈帝国〉と規定。アメリカやヨーロッパの政治・経済・哲学の歴史を省察しながら〈帝国〉を読み解き、それとどのように対峙するかを考察。

(29) **マルティチュード** Multitude 群衆、多数的なものなどと訳される。ネグリが、『帝国』などその著書で多用した概念。公共空間において、協力し、行動する各人の総体など、革命的な主体としての意味をもつ。

（30）**郵政三事業**　郵便業務、郵便貯金業務、簡易保険業務を指す。二〇〇三年四月より、郵政事業庁（総務省の外局）から移行した日本郵政公社によって運営。

▼第二章

（1）**チャップリン**　Charles Spencer Chaplin　一八八九年生。イギリス出身の映画俳優・監督・脚本家・製作者。アメリカ映画で活躍し、その独特な扮装、演技で人気を博す。作品『独裁者』ほか。一九七七年没。

（2）**フレドリック・テイラー**　Frederick Winslow Taylor　一八五六年、アメリカ生。近代的マネジメントの原点となった、科学的管理法の実践による労働コストの削減などを考案。一九一五年没。

（3）**第三世界**　the Third World　先進資本主義圏を第一世界、社会主義圏を第二世界とし、それらに属さないアジア・アフリカなどの発展途上にある諸国を指す。

（4）**情報革命**　視覚化が困難であるはずの情報が、社会的、政治的、経済的にも重要な意味をもつ状況の到来による社会変化。情報の貨幣的価値化、また、情報の産出、伝達、整理、蓄積技術の劇的な向上、変化によってもたらされる革命でもある。

（5）**ダニエル・ベル**　Daniel Bell　一九一九年生。社会学者。ハーバード大学名誉教授。「フォーチュン」誌編集長を経て、シカゴ大学、コロンビア大学、ハーバード大学の教授となる。

（6）**増田米二**　一九〇九年、東京都生。社会学者。著書『情報社会入門』ほか。九五年没。

（7）**アルビン・トフラー**　Alvin Toffler　一九二八年生。未来学者。ラッセル・セイジ財団客員教授、コーネル大学客員教授、ロックフェラー財団顧問、未来学研究所顧問等を歴任。著書に『未来の衝撃』『第三の波』ほか。

（8）**堺屋太一**　一九三五年、大阪府生。作家・経済評論家。元経済企画庁長官。著書『団塊の世代』ほか。

（9）**山之内靖**　一九三三年、東京都生。東京外国語大学名誉教授。経済学者・社会学者。著書『現代社会の歴史的位相』ほか。

（10）**マイケル・J・ピオリ**　Michael J. Piore　一九四〇年生。アメリカの経済学者。マサチューセッツ工科大学・政治科学部教授。共著書『ワーキング・イン・アメリカ』。

（11）**チャールズ・F・セーブル**　Charles F. Sabel　一九四七年生。アメリカ産業史、産業地域コミュニティの研究者。コロンビア大学教授。

（12）**ベバリッジ報告**　Beveridge Report　一九四二年、イギリスのチャーチル首相の委託により、ベバリッジを委員長とする委員会が提出した社会保障制度についての報告書。資本主義諸国の社会保障制度確立に強い影響を与えた。

（13）**フリードリッヒ・A・v・ハイエク**　Friedrich August von Hayek　一八九九年生。オーストリアの経済学者。独自の貨幣的景気理論を展開。ケインズ主義や社会主義を批判し、社会経済論に基づく自由主義を唱えた。一九七四年、シュルダールとともにノーベル経済学賞受賞。著書『景気と貨幣』ほか。九二年没。

（14）**アダム・スミス**　Adam Smith　一七二三年生。イギリスの経済学者。古典派経済学の創始者であり、産業革命の理論的基礎を成す。富の源泉を生産的労働に求め、それを保障する近代的所有権の確立を提唱し、自由放任主義を主張した。著書『国富論』ほか。九〇年没。

（15）**レオン・ワルラス**　Marie Esprit Léon Walras　一八三四年生。フランスの経済学者。ローザンヌ学派の創始者。相互依存的経済諸量の全体的均衡関係を連立方程式体系で表すなど、経済学に数学を導入し、一般均衡理論、限界効用理論を提示。ミクロ経済学の基礎を築いた。著書『純粋経済学要論』ほか。一九一〇年没。

（16）**カール・メンガー**　Carl Menger　一八四〇年生。オーストリアの経済学者。オーストリア学派の創始者。古典学派の労働価値論に対し、限界効用理論を確立。著書『国民経済学原理』ほか。一九二一年没。

（17）**ウィリアム・ジェヴォンズ**　William Stanley Jevons　一八三五年生。イギリスの経済学者・論理学者。限界効用理論の基礎を確立した。ブール代数の普及や、景気変動に関する太陽黒点説を唱えたことなどでも知られる。著書『経済学の理論』ほか。八二年没。

（18）**世界大恐慌**　the Great Depression　一九二九年一〇月二四日、ニューヨーク株式市場での大暴落に端を発するアメリカの金融恐慌から始まった世界的規模の大恐慌。

(19) **ケインズ** John Maynard Keynes 一八八三年生。イギリスの経済学者。自由放任主義を批判し、完全雇用達成に果たす政府投資（管理通貨制度、公共事業の拡大など）の重要性を主張。以後の経済学・経済政策に多大な影響を与えた。著書『雇用、利子および貨幣の一般理論』ほか。一九四六年没。

(20) **F・D・ルーズベルト** Franklin Delano Roosevelt 一八八二年生。アメリカの政治家。一九三三年、第三二代アメリカ大統領に就任。世界大恐慌下、ニューディール政策を推進。第二次大戦下では民主主義擁護を推進し、連合国の指導と国際連合の基礎構築にあたった。四期連続当選を遂げたが、任期中の四五年、大戦終結直前に急死。

(21) **ニューディール政策** the New Deal 一九三三年から、アメリカのルーズベルト政権が、大恐慌克服のために採用した改革政策の総称。本来の意は、新規まき直し。

(22) **イスラムの原理主義** イスラム世界において、西欧近代化を排し、コーランの理念に基づいたイスラム法の実践、宗教的共同体の回復、社会的正義の実現を目指し、伝統の純化を図ろうとする思想・運動。

(23) **キリスト教原理主義** 聖書の記述を信じ、天地創造、キリストの処女降誕・復活・再臨などの教理を根本原理とするプロテスタント教徒たちの立場。アメリカで一九二〇年代以降に広がる。

(24) **トクヴィル** Alexis Charles Henri Maurice Clérel de Tocqueville 一八〇五年生。フランスの政治家・歴史家。著書『アメリカの民主主義』ほか。五九年没。

(25) **モンテスキュー** Charles-Louis de Secondat, Baron de la Brède et de Montesquieu 一六八九年生。フランスの啓蒙思想家。法社会学・知識社会学の先駆者。三権分立論を提示。著書『法の精神』ほか。一七五五年没。

(26) **リベラリスト** liberalist 自由主義者。権力による干渉や統制を排し、経済活動においても自由放任主義の主張をとる。一七世紀から一八世紀の市民革命期、新興ブルジョワジーのイデオロギーとしてあらわれた。

(27) **大政翼賛会** 一九四〇年、第二次世界大戦中の第二次近衛文麿内閣のもと、新体制運動を推進するために創立された国民統制組織。既存政党は解散してこれに応じた。四五年解散。

(28) **傾斜生産方式** 特定の重要産業に資金・資材を重点的に投入し、生産を行うこと。一九四六年、戦後の経済復興を図る目的で吉田茂内閣が決定し、石炭と鉄鋼の生産に対し、傾斜的投資が行われた政策。片山哲・芦田均内閣も継続。

(29) **五五年体制** 一九五五年、左右両派社会党統一と、自由・民主党の合同により形成された、自由民主党と日本社会党の二大政党による対立体制。九三年の細川連立政権の誕生時まで続いた。

(30) **ジョン・W・ダワー** John W. Dower 一九三八年生。マサチューセッツ工科大学教授。歴史学者。アメリカにおける日本占領研究の第一人者。著書『敗北を抱きしめて』ほか。

(31) **経団連** 経済団体連合会の略称。一九四六年、各種経済団体の連絡機関として設立。二〇〇二年、経団連と日本経営者団体連盟(日経連)は、日本経済団体連合会(日本経団連)として統合。

(32) **中曽根内閣** 自由民主党総裁・中曽根康弘を首相とした内閣。成立一九八二年、退陣八七年。

(33) **臨時行政調査会** 行政制度と運営の改善に関し、実態調査と改革案の審議をし、内閣総理大臣に意見を答申する国の付属機関。第一次は、一九六二年に設置され、六四年に最終答申を発表。第二次は八一年発足、八三年最終答申発表。

(34) **土光敏夫** 一八九六年、岡山県生。実業家。石川島播磨重工業、東京芝浦電気を経営。経団連会長、第二次臨時行政調査会会長を務める。一九八八年没。

(35) **国鉄** 日本国有鉄道の略称。一九四九年、国有鉄道事業経営のため、政府の全額資本出資により設立。八七年、六つの旅客鉄道会社など一一法人として分割民営化された。

(36) **フレイザー内閣** オーストラリアのマルコム・フレイザー首相による内閣。成立一九七五年、退陣八三年。

(37) **総評** 日本労働組合総評議会の略称。一九五〇年、左翼系組合に対抗して、民同系が結集し、GHQの指示のもと発足した労働組合の全国組織。八九年、日本労働組合総連合会(連合)の発足にともない解散。

(38) **プロレタリアート** Proletariat 資本主義社会において、生産手段を保持せず、自身の労働力を資本家に売ることで生活する賃金労働者階級。無産階級。

(39) **大平内閣** 自由民主党総裁・大平正芳を首相とした内閣。成立一九七八年、在任中の大平の急死で八〇年退陣。

(40) **道路公団民営化推進委員会** 道路関係四公団民営化推進委員会。二〇〇二年、特殊法人である道路関係四公団(日本道路公団、首都高速道路公団、阪神高速道路公団、本州四国連絡橋公団)の民営化について検討するため、内閣府のもとに設置された第三者機関。同年一二月、最終報告を提出。

(41) **ムーディーズ** Moody's アメリカの投資顧問会社、企業格付け会社。債券の格付けなどを行う。一九〇〇年設立。

(42) **電電公社** 日本電信電話公社の略称。一九五二年に設立され、国内の公衆電気通信事業を独占運営していたが、八五年、民営化され、日本電信電話株式会社(NTT)となった。

(43) **専売公社** 日本専売公社の略称。一九四九年、タバコ・塩を独占的に製造・販売する公共企業体として設立。八五年に民営化され、日本たばこ産業株式会社(JT)となる。

(44) **三公社五現業** 公共企業体等労働関係法(公労法)の適用をうけた公共企業体及び国の経営する企業。国鉄・専売公社・電電公社の三公社と、郵便・国有林野・日本銀行券の印刷・造幣・アルコール専売の各事業(五現業)を行う国営企業。

(45) **岡本行夫** 一九四五年、神奈川県生。外交評論家。九六年から総理大臣補佐官、内閣官房参与などを歴任。

(46) **消費税** 物品・サービスの消費に対し課される租税。消費者を納税義務者とする直接消費税と、製造・販売業者を納税義務者とする間接消費税がある。一九八九年施行。

(47) **夜警国家** Nachtwächterstaat 一七〜一九世紀の自由主義国家の国家機能観。国家の目的は個人の自由と財産の保護であり、国家の任務は国防・治安維持などに限定すべきであるという考え方。行政国家・福祉国家が対置される。

(48) **プーチン** Vladimir Vladimirovich Putin 一九五二年生。ロシアの政治家。二〇〇〇年、ロシア連邦大統領に就任。

(49) **エンロン**　一九八五年、アメリカで石油や天然ガスのパイプラインを運営する企業として発足。規制緩和の流れに乗り、電力、天然ガスなどエネルギー関連製品をインターネットで取引する企業として急成長。しかし、二つの投資組合での資産運用に失敗し、巨額の簿外債務があることが発覚、市場の信認が失墜。二〇〇一年一二月、債務総額が四〇〇億ドルを超えるアメリカ史上最大の経営破綻を引き起こした。

(50) **ハリバートン**　一九一九年、油井掘削関係の企業として設立、テキサス州に本拠地を置く。六二年、建設大手のブラウン・アンド・ルートを吸収、系列子会社は海外を含め、約二〇〇社。一九九五～二〇〇〇年の間、米副大統領チェイニーが最高経営責任者（ＣＥＯ）を務めていた。イラク戦争の結果、国防総省の受注企業の内、受注額七位にまで急伸。

(51) **ゼネコン**　general contractor　総合工事業者。大手総合建設業者。土木一式工事、また、建築一式工事を請け負う土木・建築総合工事業者の総称。

(52) **マックス・ウェーバー**　Max Weber　一八六四年、ドイツ生。社会学者・経済学者。著書『プロテスタンティズムの倫理と資本主義の精神』ほか。一九二〇年没。

▼第三章

(1) **オーウェン**　Robert Owen　一七七一年生。イギリスの空想社会主義者。協同組合運動の創始者。紡績工場の経営で共産主義的な共同体建設を試みる。北アメリカで協同組合村を運営するが失敗。イギリス帰国後、労働運動を通し、一八一九年の工場法制定に努める。著書『新社会観』ほか。五八年没。

(2) **サン＝シモン**　Claude-Henri de Rouvroy de Saint-Simon　一七六〇年生。フランスの空想社会主義者。特権階級を排し、科学者・有産者・実業家・技師などの産業者が指導する自主管理的な産業体制を理想とし、実証科学の進歩、産業の繁栄、勤労者の福祉のなかに人間の解放を構想した。著書『人間科学覚書』ほか。一八二五年没。

（3）**フーリエ**　François-Marie-Charles Fourier　一七七二年生。フランスの空想社会主義者。商業に支配される文明が貧困を生産すると考え、これを批判。ファランジュと呼ぶ、農業を主とし、製造業を従とする生産・消費協同組合の設立を主張した。著書『四運動および一般的運命の理論』ほか。一八三七年没。

（4）**空想社会主義者**　utopian socialist　資本主義社会下で、貧困や混乱から生まれ、歴史・社会法則の把握や階級闘争に基づくのではなく、教育などによる人間性の変革や倫理の向上によって理想的社会の実現を志向したオーエン、サン＝シモン、フーリエらを指す。マルクス／エンゲルスの科学的社会主義と対比される。

（5）**独立行政法人**　行政を補完・代行するために設立された特殊法人は、一九九五年以降、整理合理化策が閣議決定されるなど、統廃合が進められた。その際、原則的に国の出資によりながらも、民間の経営手腕を取り入れ運営にあたる法人として誕生した。

（6）**直接民主主義**　代表によらず、国民の直接的な政治参加により、国家意志の決定・執行をする民主政治形態。古代ギリシャの都市国家で実現され、現在は、リコールや国民投票にその原理が採用されている。

（7）**間接民主主義**　国民が選挙で選んだ代表者に、一定期間自らの権力の行使を信託し、間接的にその意志を国家意志の決定・執行に反映させる民主政治の形態。

（8）**普通選挙**　身分・性別・信仰・財産などによって制限されることなく、一定年齢に達した者全員が平等に選挙権・被選挙権を有する制度。日本では、一九四五年、第二次世界大戦後に認められた。

（9）**ロベスピエール**　Maximilien François Marie Isidore de Robespierre　一七五八年生。フランス革命時の政治家。ジャコバン派を指導し、国王を処刑。ジロンド派を追放して独裁政治を執る。エベール派・ダントン派を打倒、民主的諸改革を行ったが、九四年、テルミドールのクーデターにより処刑。

（10）**第三身分**　フランス革命以前の、第一（聖職者）、第二（貴族）身分以下の平民（市民・農民）。国民の大半を占める被支配者階級で、フランス革命の中心となる。

（11）**小沢一郎**　一九四二年、岩手県生。政治家。六九年、衆議院議員当選（自由民主党所属）。九三年に新生党、九四年に新進党、九八年に自由党を結成。二〇〇三年、民主党に合流。

（12）**リクルート事件**　一九八八年に表面化した、リクルート社（情報出版業を中心とする企業）が、政界をはじめとした各界関係者に対して、現金や未公開株を譲渡した贈収賄事件。竹下内閣総辞職の原因となった。

（13）**竹下登内閣**　自由民主党総裁・竹下登を首相とする内閣。一九八七年成立、八九年に消費税導入。同年、リクルート事件の責任をとり総辞職。

（14）**菅直人**　一九四六年、山口県生。政治家。九六年、橋本龍太郎内閣で厚生大臣を務める。同年、民主党結成。九七年、民主党代表就任。九九年、代表選敗退。二〇〇二年、再度代表となるも、〇四年、年金問題で辞任。

（15）**グリーン党**　一九七〇年代初頭にヨーロッパで始まったエコロジー運動を背景に、社会的公正・底辺民主主義・非暴力などを掲げ、様々な社会運動的要素を取り入れ成立した政党。二〇〇二年までに、全世界の七〇ヶ国以上に誕生。

（16）**韓国参与連帯の落選運動**　二〇〇〇年、韓国の総選挙において、当選させたくない候補者をリストアップした落選運動が、参与連帯によって展開。参与連帯は、一九九四年、朴元淳を中心に、政治・経済・行政・司法などの国家権力の監視を目的として設立されたNGO。

（17）**拉致問題**　一九七〇年代後半から八〇年代にかけ、工作員養成などの目的で、北朝鮮が日本国内において日本人を拉致・拘束した問題。二〇〇二年の日朝首脳会談で、金正日朝鮮民主主義人民共和国国防委員会委員長は、それまで一貫して否定してきた拉致の事実を認め、謝罪した。だが、日本側の安否の照会要求に対しての回答は、不自然かつ不透明な部分が多く、以後この問題をめぐり、国交正常化交渉などの外交交渉は難航している。

（18）**EU**　European Union　ヨーロッパ連合。共通通貨を使用し、経済・政治統合を目的とする。一九五八年、フランス、イタリア、オランダ、ベルギー、ドイツ、ルクセンブルグの六ヶ国で発足したECSC（ヨーロッパ石炭鉄鋼共同体）が母体。九一年のマーストリヒト条約で設立が合意され、九三年発足。二〇〇四年現在、二五ヶ国が加盟。

（19）**NGO**　Non-Governmental Organization　国際協力に携わる非政府組織・民間団体のこと。もともとは、国連と政府以外の民間団体との協力関係について定めた国連憲章第七一条のなかで使われている言葉。開発、人権、環境、平和など、地球規模の問題に国境を越えて取り組んでいる非営利団体。

（20）**ＮＰＯ**　Non-Profit Organization　民間非営利団体・民間公益組織。福祉や街づくりなど、特定のテーマについて自主的、自発的な活動を行う団体。一九九八年、特定非営利活動を行う団体に法人格を付与することなどを定めた、特定非営利活動促進法（ＮＰＯ法）が施行。

（21）**石原慎太郎**　一九三二年、兵庫県生。作家・政治家。五五年、『太陽の季節』でデビュー。六八年、参院選全国区に出馬し当選。九五年まで衆院に八選。九九年、東京都知事に就任。

（22）**小山栄三**　一八九九年、北海道生。人類学者・社会学者。著書『民族と文化の諸問題』ほか。一九八三年没。

（23）**立憲主義**　憲法により国家権力を制限し、個人の自由及び権利を守ろうとする考え、また、制度。

（24）**デイヴィッド・ライアン**　David Lyon　一九四八年生。カナダの社会学者。クイーンズ大学教授。近代社会を「監視」という視点から考察。テクノロジーの発展が、監視社会の動向に与える影響を分析。著書『監視社会』ほか。

（25）**ミシェル・フーコー**　Michel Foucault　一九二六年生。フランスの哲学者・思想家。西欧的知に対する徹底的批判を展開し、構造主義の代表的存在とみなされる。著書『言葉と物』ほか。八四年没。

（26）**ジェレミ・ベンサム**　Jeremy Bentham　一七四八年生。イギリスの法学者。功利主義の立場から実定法を批判。最大多数の最大幸福の実現のため、道徳・立法の根拠があると主張。著書『道徳と立法の諸原理序説』ほか。一八三二年没。

（27）**オーウェル**　George Orwell　一九〇三年生。イギリスの小説家・評論家。文明を鋭く見すえ、全体主義体制を批判する作品などを書いた。著書『動物農場』ほか。五〇年没。

（28）**湾岸戦争**　一九九〇年八月、クウェートに侵攻したイラクに対し、同年一一月、国連安保理は武力行使容認決議を採択。九一年一月、アメリカ軍五四万人を中心とする二八ヶ国による多国籍軍がイラク攻撃を開始。同年三月、イラクは、国連安保理による停戦決議を全面受諾、停戦協定が締結。

(29)**ペロン** Juan Domingo Perón 一八九五年生。アルゼンチンの軍人・政治家。一九四三年、軍事クーデターに参画、国家労働局長に就任。労働者保護政策で大衆に支持され、四六年、大統領に就任。独裁的な改革を推進するが、五五年、軍のクーデターにより失脚・亡命した。七三年、再び大統領に就任するが、七四年没。

(30)**ヴァルガス** Getúlio Dornelles Vargas 一八八三年生。ブラジルの政治家。一九三〇年、無血革命で政権を掌握し、三四年、大統領に正式就任。独裁的権限を強化するが、政策が失速、軍部の支持も失い、四五年辞任。五〇年再び大統領になるが、五四年自殺。

(31)**田中真紀子** 一九四四年、東京都生。政治家。村山富市連立内閣で科学技術庁長官、小泉純一郎連立内閣で外務大臣に就任。

(32)**「三国人」発言** 二〇〇〇年、石原慎太郎東京都知事は、陸上自衛隊練馬駐屯地創隊記念式典での挨拶で「三国人、外国人の凶悪な犯罪が繰り返されている」と発言。三国人は、かつて日本の統治下にあった朝鮮・台湾・支那人の総称で侮蔑的に用いられる。

(33)**中国人犯罪者民族的DNA発言** 二〇〇一年、石原慎太郎東京都知事が、産経新聞『日本よ／内なる防衛を』の中で、中国人が犯した犯罪について「民族的DNAを表示するような犯罪が蔓延している」と発言。

(34)**ニューライト** new right 七〇〜八〇年代以降のイギリスやアメリカなどでのネオ・リベラリズムの台頭と結びついた思想や運動。主に、全般的に保守化した体制の中で、自由主義市場原理、法と秩序、妊娠中絶反対、警察や両親の権威の復活など、様々な個別問題を掲げて活動するグループを指す。

(35)**亀井静香** 一九三六年、広島県生。政治家。警視庁に勤務後、七九年、衆議院議員に初当選。村山連立内閣で運輸大臣、橋本内閣で建設大臣を務める。

(36)**田中角栄** 一九一八年、新潟県生。政治家。七二年、自由民主党総裁・内閣総理大臣就任。日中国交正常化、日本列島改造構想をもとにした国土開発などを推進するが、七四年、金脈問題を追及され退陣。七六年、ロッキード事件で逮捕・起訴された。九三年没。

(37)**大嶽秀夫** 一九四三年、岐阜県生。政治学者。京都大学教授。著書『現代日本の政治権力経済権力』ほか。

(38) **ポーリン・ハンソン** Pauline Hanson 一九五四年、オーストラリア生。政治家。九七年、極右政党・ワンネーション党を創設、党首になる。二〇〇一年、公職選挙法違反で起訴される。

(39) **ルペン** Jean-Marie Le Pen 一九二八年生。フランスの極右政党・国民戦線の党首。二〇〇二年、フランス大統領選挙に出馬。得票数は、社会党ジョスパンを超え、当選したシラク大統領に次いだ。

(40) **ナチス** Nazis ヒトラーを党首としたドイツのファシズム政党。一九一九年結成。二三年、ミュンヘン一揆に失敗し、非合法とされたが、二五年に再建し伸張。三三年、ヒトラーを首相とするナチス・右翼勢力の連立政府が成立。ゲルマン民族至上主義と反ユダヤ主義を掲げ、独裁体制確立。ベルサイユ体制を打破、第三帝国を形成。三九年、ヨーロッパ征服を目指し、第二次世界大戦を引き起こしたが、四五年に敗戦、崩壊。

(41) **毛沢東** 一八九三年生。中国の政治家。一九二一年、中国共産党の創立に参加、農民運動を指導。朱徳とともに紅軍を作り、三一年、江西省瑞金を首都に中華ソビエト共和国臨時政府を樹立。四九年、首都を北京として、中華人民共和国が成立するとともに国家主席就任。六六年には文化大革命を展開した。七六年没。

▼第四章

(1) **アリストテレス** Aristotelēs 紀元前三八四年生。古代ギリシャの哲学者。逍遥学派の祖。プラトンの弟子。アレクサンドロス大王の師。アテネ郊外に学園リュケイオンを設立。プラトンのイデア論を批判し、哲学をはじめ諸学を体系的に説いた。著書『形而上学』ほか。紀元前三二二年没。

(2) **ジャン=ジャック・ルソー** Jean-Jacques Rousseau 一七一二年生。フランスの啓蒙思想家・作家。文明や社会の非人間性を批判し、自然の善性を回復する方法を追求。独自の人民主権を説いた。共和制を主張し、その影響はフランス革命に及んだ。著書『告白』ほか。七八年没。

(3) **ジョン・ロック** John Locke 一六三二年生。イギリスの哲学者・政治思想家。イギリス経験論・啓蒙思想を確立。専制主義に反対し、社会契約説をとり、権力分立・信教の自由などを主張。イギリス市民革命・フランス革命・アメリカ独立革命の独立宣言などに思想的影響を与えた。著書『人間知性論』ほか。一七〇四年没。

(4) **ハンナ・アーレント** Hannah Arendt 一九〇六年、ドイツ生。政治哲学者。ナチズム、スターリニズムが生まれた社会的基盤を研究。著書『全体主義の起原』ほか。七五年没。

(5) **アレグザンダー・ハミルトン** Alexander Hamilton 一七五七年生。アメリカの政治家。独立戦争で活躍。ワシントンのもと初代財務長官として新国家財政の基礎を作った。一八〇四年、政敵の副大統領バーに殺害される。

(6) **トマス・ペイン** Thomas Paine 一七三七年、イギリス生。啓蒙思想家・政治評論家。七四年、アメリカへ移住。七六年、『コモンセンス』で武力闘争によるアメリカの独立を訴え、独立戦争に大きな影響を与えた。アメリカ独立後はフランスへ渡り、『人間の権利』でフランス革命を支持。一八〇九年没。

(7) **三権分立** 国家権力を、立法・行政・司法の異なった三権の機関に分割して権力の濫用を防止し、互いに抑制と均衡がとれるようにすることで、国民の権利・自由を確保しようとした思想・原理。一八世紀にモンテスキューらによって唱えられ、近代憲法・民主制に強い影響を与えた。

(8) **ジョン・スチュワート・ミル** John Stuart Mill 一八〇六年生。イギリスの哲学者・経済学者・社会思想家。帰納法による実証主義を展開。古典派経済学を集大成し、社会主義思想の高揚のなか、改良主義の立場から修正を施す。ベンサムの唱えた功利主義を擁護し、修正した質的快楽主義を唱える。著書『自由論』ほか。七三年没。

(9) **フョードル・ミハイロヴィチ・ドストエフスキー** Fyodor Mikhaylovich Dostoyevsky 一八二一年生。ロシアの小説家。無神論的風潮が拡張していく一九世紀後半に、神の問題、人間の内的矛盾や人間存在の根本的問題を追求。著書『悪霊』ほか。八一年没。

(10) **エドマンド・バーク** Edmund Burke 一七二九年生。イギリスの政治家・思想家。ホイッグ党の有力指導者。フランス革命の過激化を批判。イギリスの伝統的な政治体制を擁護した近代保守主義の先駆者。九七年没。

(11) **僭主政治** 古代ギリシャにおいて、非合法的手段で独裁的支配者となった者による政治。

(12) **カール・シュミット** Carl Schmitt 一八八八年生。ドイツの公法・政治学者。ワイマール体制下、議会制民主主義を批判。一時期ナチス学会で活動。著書『政治的なものの概念』ほか。一九八五年没。

（13）**リー・クアン・ユー**　李光耀　Lee Kuan Yew　一九二三年生。シンガポールの政治家。イギリスからの独立に貢献。六五年、マレーシア連邦からの分離独立の際、初代首相に就任。国内の民族融和と積極的な経済政策を展開。

（14）**ガンジー**　Mōhandās Karamchand Gāndhī　一八六九年生。インドの政治家・民族運動指導者。国民会議派に属し、非暴力・不服従の思想で反イギリス独立運動を展開。マハトマ（偉大なる魂）と称せられた。一九四七年のインド独立後はヒンズー・イスラム両教徒の融和に努めた。四八年、狂信的ヒンズー教徒により暗殺。

（15）**ネルー**　Jawāharlāl Nēhrū　一八八九年生。インドの政治家。国民会議派左派に属し、ガンジーとともに独立運動の指導者となる。一九四七年、インド独立の際、初代首相に就任（在任六四年まで）。アジア・アフリカ会議の中心的指導者でもあった。六四年没。

（16）**マンデラ**　Nelson Rolihlahla Mandela　一九一八年生。南アフリカ共和国の政治家。四四年、人種差別撤廃を目指すＡＮＣ（アフリカ民族会議）に参加、反アパルトヘイト運動に取り組む。六二年に逮捕され、二七年間の獄中生活を送る。九〇年に釈放、九四年史上初の全人種参加選挙で黒人初の大統領に就任。九三年、ノーベル平和賞受賞。

（17）**植木枝盛**　一八五七年生。土佐藩出身。政治家・思想家。板垣退助の影響をうけ、自由民権運動の中心となった立志社に参加。国会開設と自由党の結成に尽力。九〇年、第一回衆議院議員。著書『民権自由論』ほか。九二年没。

（18）**矢内原忠雄**　一八九三年、愛媛県生。経済学者・教育家。一九三七年、言論弾圧により、東京帝国大学教授を辞職。第二次世界大戦後に復帰し、五一年に東大総長となった。著書『帝国主義下の台湾』ほか。六一年没。

（19）**丸山真男**　一九一四年、大阪府生。政治学者・政治思想史家。第二次世界大戦後の民主主義思想を主導した、戦後日本の代表的知識人。著書『日本政治思想史研究』ほか。九六年没。

（20）**久野収**　一九一〇年、大阪府生。哲学者・評論家。進歩的プラグマティズムを展開。一貫して市民主義の立場にたち安保闘争やベ平連運動で活躍。著書『平和の論理と戦争の論理』ほか。九九年没。

(21) **ロバート・ダール** Robert A. Dahl 一九一五年生。アメリカの政治学者。イェール大学名誉教授。多数支配を表す「ポリアーキー」の概念を提唱。著書『デモクラシーとは何か』ほか。

(22) **ユルゲン・ハーバーマス** Jürgen Habermas 一九二九年生。ドイツの哲学者・社会学者。フランクフルト大学名誉教授。批判的社会理論を再構築する。著書『公共性の構造転換』ほか。

(23) **シャンタル・ムフ** Chantal Mouffe 一九四三年、ベルギー生。政治理論家。著書『政治的なるものの再興』ほか。

(24) **デイヴィッド・ヘルド** David Held 一九五一年生。イギリスの政治学者。ロンドン・スクール・オブ・エコノミクス（LSE）の政治学部教授。また、ポリティ・プレス社の編集長も務める。著書『民主政の諸類型』ほか。

(25) **リチャード・フォーク** Richard Falk 一九三〇年生。イギリスの国際法学者・国際政治学者。プリンストン大学名誉教授。戦争犯罪、人権、グローバル権力等に関して、多くの著作がある。

(26) **ポール・Q・ハースト** Paul Q. Hirst 一九四六年生。イギリスの政治学者。著書に "Globalization in Question" (Grahame Thompson と共著) ほか。二〇〇三年没。

(27) **ジョルジュ・アガンベン** Giorgio Agamben 一九四二年生。イタリアの哲学者・批評家。ヴェローナ大学哲学教授。著書『開かれ―人間と動物』ほか。

(28) **金大中** 一九二五年生。韓国の政治家。六〇～七〇年代にかけて朴正熙軍事独裁政権に対する民主化運動を展開。七六年に民主救国宣言に署名し逮捕、七八年に釈放。八〇年のクーデターで再び逮捕、死刑判決をうけるが、八二年に釈放。九八年、四度目の挑戦で第一五代大統領に就任（在任二〇〇三年まで）。二〇〇〇年、金正日国防委員長との間で南北共同宣言に署名。同年一二月にノーベル平和賞受賞。

(29) **ファーティマ・メルニーシ** Fatima Mernissi 一九四〇年、モロッコ生。社会学者・政治学者。フェミニズム運動の活動家。ムハンマド五世大学教授。著書『ベールのかなたに』ほか。

（30）**プラトン**　Platōn　紀元前四二七年生。古代ギリシャの哲学者。ソクラテスの弟子。アリストテレスの師。アテネに学園アカデメイアを設立。永遠普遍の原理をイデアと名づけ、現実の世界「現実界」と、そのもとになる真実の世界「イデア界」に分けるイデア論を展開。著書『饗宴』ほか。紀元前三四七年没。

（31）**ペリクレス**　Periklēs　紀元前四九五年頃生。古代ギリシャ・アテネの政治家。アレオパゴス会議（貴族会議）の改革など、民主化を断行。パルテノン神殿の造営にも貢献。紀元前四二九年没。

（32）**ソクラテス**　Sōkratēs　紀元前四六九年頃生。古代ギリシャの哲学者。アテネで活動。青年に悪影響をもたらすとして、反対者の告発により有罪となり、獄中で自決させられた。彼自身は著作を行わず、プラトン、クセノフォン、アリストファネスなどの著作を通じて知られる。紀元前三九九年没。

（33）**アレクサンドロス大王**　Alexandros　紀元前三五六年生。マケドニア国王。ギリシャ諸市を制圧。紀元前三三一年、ガウガメラの戦いでペルシアを征服。インド北西のパンジャブ地方まで進出。アレキサンドリアと命名した殖民都市を各地に建設。東西文化の融合を図り、ヘレニズムの発展に貢献。紀元前三二三年没。

（34）**ネオコン**　neo-conservative　新保守主義。自由・民主主義・市場経済の普及・家族的価値などの価値観で世界を作り変えることが、アメリカの責任であると考え、そのためには武力行使も辞さないという主張。一九九七年に結成したシンクタンク「アメリカ新世紀プロジェクト（PNAC）」が中心とされる。元来は六〇～七〇年代に民主党リベラル派の間で、反共・反ソ連の立場から軍事力を重視したグループを指す用語。

（35）**クラスター爆弾**　英語で「房」を意味し、一つの親爆弾の中に二〇〇個以上の子爆弾を詰めることで、広範囲を破壊する爆弾。湾岸戦争やイラク戦争で使用された。一、二割が不発弾となり、第二の地雷として恐れられている。

（36）**劣化ウラン弾**　天然ウランを濃縮する際に派生する劣化ウランを弾頭に用いた爆弾。比重が重く貫通力が強いため、対戦車砲として威力を発揮。湾岸戦争やイラク戦争などで使用され、その放射能被曝が問題となっている。

（37）**レオ・シュトラウス**　Leo Strauss　一八九九年、ドイツ生。政治哲学者。シカゴ大学などに勤務し、数多くの研究者を育てた。著書『ホッブズの政治学』ほか。一九七三年没。
(38) **トマス・ホッブズ** Thomas Hobbes 一五八八年生。イギリスの哲学者・政治学者。機械論的自然観を人間や社会にも適用し、社会契約説、主権国家論を主唱。物体論・人間論・市民論の三部からなる哲学を展開。国家は契約によって形成されるとし、絶対君主制を擁護した。著書『リヴァイアサン』ほか。一六七九年没。
(39) **ピューリタン革命** 清教徒革命。一六四〇～六〇年、イギリスで起こった革命。チャールズ一世の専制政治に反対した宮廷と議会の間での内乱が勃発し、クロムウェルらピューリタン(清教徒)を中心とする議会派が、四九年、国王を処刑し共和制を施行。クロムウェルの独裁政権となるが、その死後、共和制は崩壊し王政が復活。
(40) **デカルト** René Descartes 一五九六年生。フランスの哲学者・数学者。近代哲学の祖であり、解析幾何学の創始者。方法的懐疑を通じて、明晰判明を真理の基準とする物心二元論を確立。著書『世界論』(宇宙論)は、ガリレオの地動説についての宗教裁判有罪により出版を断念。一六三七年、序のみを『方法序説』として刊行した。五〇年没。
(41) **自然法** 人為的に制定するのではなく自然的に存在する法。人間の本性あるいは理性に基づき、普遍的に守られるべき法として、実定法を超越すると考えられる。
(42) **名誉革命** イギリスで起きた市民革命。一六八八年、ジェームズ二世の専制に対抗した議会は、オレンジ公ウィリアムとその妻メアリーに王位継承を要請した。孤立したジェームズ二世はフランスへ亡命。八九年、権利章典を制定、議会中心の立憲君主制を樹立した。無血によって達成されたことからの命名。
(43) **ブルジョワジー** 中世ヨーロッパにおける貴族・聖職者と農民・労働者との中間階級にあたる商工業者や市民。また、近代社会における有産者。マルクス主義で資本家や資本家階級に位置する人々。
(44) **カント** Immanuel Kant 一七二四年生。ドイツの哲学者。自然科学による認識の確実さを哲学に導入すべく、認識の本性と限界を規定した批判哲学を築き、合理主義と経験主義の統合をなす独自の認識理論を展開。「コペルニクス的転回」により、自然科学を認識論的に基礎づけた。著書『純粋理性批判』ほか。一八〇四年没。
(45) **在日** 在日韓国・朝鮮人。日本による第二次世界大戦前の朝鮮支配のもと、強制連行されるなどして日本に渡り、終戦後の朝鮮南北分断、朝鮮戦争などの朝鮮半島の混乱のため、日本在留を余儀なくされた朝鮮人とその子孫。

(46) **アメリカ独立革命**　一七七五年、アメリカの一三植民地がイギリスからの独立を求め戦闘開始。七六年、独立宣言。八三年、パリ条約によって独立を達成。

(47) **南原繁**　一八八九年、香川県生。政治学者。国家主義を、無教会派の信仰にたち批判。戦後は、東大総長として教育改革に貢献。著書『国家と宗教』ほか。一九七四年没。

(48) **フィヒテ**　Johann Gottlieb Fichte　一七六二年生。ドイツの哲学者。カント哲学の継承者で、統一的体系として再構築。知識学を形成し、独自の哲学的実践論を構想。著書『全知識学の基礎』ほか。一八一四年没。

(49) **三谷太一郎**　一九三六年、岡山県生。政治学者。成蹊大学教授、東京大学名誉教授。著書『近代日本の戦争と政治』『政治制度としての陪審制』ほか。

(50) **大正デモクラシー**　大正時代における自由主義・民主主義的な風潮や運動。護憲運動や普通選挙運動、労働運動、社会主義運動など、様々な運動を展開。吉野作造の民本主義、美濃部達吉の天皇機関説などが指導理念。

(51) **三・一独立運動**　一九一九年三月一日から一年以上にわたり継続された、日本の植民地支配に反対する朝鮮独立運動。独立万歳を唱え、デモを行ったことから万歳事件とも呼ばれる。運動は都市部から農村へと拡大したが、日本による軍隊投入によって弾圧。

(52) **朝鮮総督府**　一九一〇年、韓国併合により、従来の統監府に代わって京城（ソウル）に置かれた、日本の朝鮮統治の最高機関。四五年解体。

(53) **ドゥルーズ**　Gilles Deleuze　一九二五年、フランス生。哲学者。七二年、精神分析家で思想家のフェリックス・ガタリと『アンチ・オイディプス』を刊行。九五年、自宅のアパートより投身自殺。

(54) **カール・マンハイム**　Karl Mannheim　一八九三年、ハンガリー生。ドイツの社会学者。知識社会学の方法論を確立、大衆社会論の先駆者。ナチスに追われ、ロンドンで一九四七年没。著書『イデオロギーとユートピア』ほか。

(55) **デイヴィッド・リースマン** David Riesman 一九〇九年生。アメリカの社会学者。著書『個人主義の再検討』ほか。二〇〇二年没。
(56) **オルテガ・イ・ガセット** Ortega y Gasset 一八八三年生。スペインの哲学者。著書『人と人々』ほか。一九五五年没。
(57) **公民権運動** 憲法に保障された公民権の適用を求めるアメリカの黒人運動。一九五四年、公立学校の人種分離教育に最高裁の違憲判決が下されたこと（ブラウン判決）を機に高揚した。これ以降、公民権諸法が制定されていく。

▼第五章
(1) **白豪主義** オーストラリアで白色人種以外の移民を制限しようとする主義や政策。一九〇一年の移民制限法で徹底化されたが、七二年撤廃。
(2) **メラネシア** Melanesia 太平洋西部、オーストラリア大陸の東北岸沿いに北西から南東に連なる区域。ソロモン諸島・ニューギニア島・フィジー諸島・ニューカレドニア島などの総称。
(3) **ホイットラム** Edward Gough Whitlam 一九一六年生。オーストラリアの政治家。六七年、オーストラリア労働党党首、七二年、オーストラリア連邦首相就任。七五年、総督ジョン・カーにより首相解任。
(4) **メンジーズ首相** Robert Gordon Menzies 一八九四年生。オーストラリアの政治家。一九三九年、統一党ライオンズ首相の急死により、首相就任。四一年、辞任。四四年、自由党結成。四九年、地方党との連立により、首相就任。六六年、辞任。六七〜七二年、メルボルン大学学長。七八年没。
(5) **アボリジニ** aborigine ヨーロッパ人などの渡来前からオーストラリア大陸に居住していた先住民の総称。
(6) **マルコム・フレイザー** John Malcolm Fraser 一九三〇年生。オーストラリアの政治家。七五年、自由党党首として首相就任。八三年、労働党に政権を奪われ、首相・党首・議員を辞任。

（7）**満州事変**　一九三一年、柳条湖事件に始まった日本による満州（中国東北部）への侵略戦争。この結果、満州国を建国。さらに日中戦争へと発展。

（8）**ゲットー** ghetto　特定の民族や集団を居住させた地区、差別の対象区域。もともとはヨーロッパの都市でユダヤ人を強制的に収容した居住区を指す。

（9）**朝鮮戦争**　大韓民国と朝鮮民主主義人民共和国の間で行われた戦争。朝鮮半島の独立・統一問題と、アメリカ・ソ連の対立が影響し、アメリカ軍を主力とする国連軍と中国人民義勇軍の参戦で、準世界戦争化した。一九五〇年六月に開戦し、北緯三八度線付近で膠着状態が続き、五三年七月休戦。

（10）**吉田茂**　一八七八年、東京都生。政治家。外交官として駐英大使などを務め、一九四六〜五四年の間に五次、内閣を組織。五一年、サンフランシスコ講和条約・日米安全保障条約に調印。日本の独立回復に至る政治・外交に重大な役割を果たし、長期保守政権の基礎を築いた。六七年没。

（11）**金嬉老事件**　一九六八年二月二〇日、在日韓国人二世の金嬉老は、借金返済を迫った暴力団員二名を射殺し、静岡県寸又峡温泉のふじみ屋旅館で宿泊客を人質に籠城。警察官に包囲される中、マスコミを前に、日本人による朝鮮人差別を激しく論難。二月二四日午後、逮捕。七五年、無期懲役確定。九九年、仮釈放。

（12）**山村政明（梁政明）**　一九七〇年、焼身自殺。遺稿集『いのち燃えつきるとも』。

（13）**朴正熙**　一九一七年生。韓国第五〜九代大統領。六一年、クーデターで政権を掌握。六三年、第三共和国の大統領に就任。七二年、維新憲法を制定、民主化運動を弾圧。七九年、釜山・馬山闘争（維新体制に対する抵抗運動）の直後射殺された。

（14）**金日成**　一九一二年、平壌生。三二年頃から中国東北地方東部のゲリラ闘争を指導。四八年、朝鮮民主主義人民共和国の首相、四九年朝鮮労働党委員長に就任。独裁体制を強化し、七二年より国家主席。九四年没。

（15）**金大中拉致事件**　一九七三年八月八日、東京・九段のホテルに宿泊中の韓国の民主化運動を推進する政治家・金大中が、韓国中央情報部の工作員たちに拉致された事件。同一三日、ソウルで解放。

（16）**朴大統領暗殺未遂事件**　一九七四年八月、在日韓国人が韓国大統領朴正熙を暗殺しようとして失敗。日韓関係が悪化した。その後七九年、民主化運動を弾圧し、強権的な政治を展開していた大統領は、部下である中央情報部長・金載圭に射殺された。

（17）**民青学連事件**　一九七四年、韓国政府は、全国民主青年学生総連盟という不法団体が市民暴動を起こし政府転覆・労農政権樹立を画策したとして、被疑者を連行、一八〇人を起訴した。金芝河らが死刑判決をうけたが、全員が刑執行停止で釈放された。

（18）**四・一九学生革命（四月革命）**　一九六〇年四月、不正選挙に反対した学生が武装警官隊に殺害された事件がきっかけで、韓国全土に反政府デモが広がり、李承晩大統領は辞任、政権崩壊へとつながった。

（19）**李承晩**　一八七五年生。韓国初代〜第三代大統領。独立協会の運動に参加、一九〇四年に渡米、国際世論に朝鮮独立を訴え、四八年、大韓民国成立と同時に初代大統領に就任。憲法改正を繰り返すなど独裁色を強め、反対派を弾圧。六〇年、不正選挙で大統領に四選するが、四・一九学生革命により政権崩壊。ハワイに亡命、六五年没。

（20）**全斗煥**　一九三一年生。韓国の第一一〜一二代大統領。七九年、国軍保安司令官として、朴正熙大統領暗殺事件の捜査を主導する過程で軍内の実権を掌握。さらに、光州民主化闘争の鎮圧を主導し、第五共和国大統領に就任。金泳三政権時代、一二・一二事件や光州事件に関与した内乱罪で逮捕され、無期懲役判決をうけるが、後に赦免される。

（21）**光州民主化闘争**　一九八〇年五月、韓国南西部、全羅南道の道都・光州市で、前年の朴大統領暗殺事件以来続く政治的混乱の状況下で布告された全斗煥大統領による非常戒厳令に対し、その解除を求めることを発端に、大規模な反政府デモが起こる。政府は軍隊を出動し、これを鎮圧した。

（22）**盧泰愚**　一九三二年生。韓国の第一三代大統領。全斗煥とともにクーデター（一二・一二事件）を決行。全斗煥の後継者として大統領候補に指名されるが、民主化運動の盛り上がりをうけ、大統領直接選挙制を進める。八七年末の大統領選で当選。金泳三政権時代に一二・一二事件に関与した内乱罪で逮捕、収監されるが、後に赦免された。

(23)**太陽政策**　一九九八年、第一五代韓国大統領、金大中が就任演説で明らかにした、北朝鮮に対する積極的な関与政策、または、その寓話的表現。抑止力を背景にして北朝鮮を屈服させるのではなく、温かく包容して、人的・物的交流を深めながら南北間の緊張関係を緩和し、北朝鮮を改革・開放路線に導くことにより、南北の平和共存を目指す。

(24)**金正日**　一九四二年生。北朝鮮の政治家。金日成の長男。九四年の父の死後、体制を継承。九七年、党総書記となるが、九八年の憲法改正によって改めて国防委員会委員長に就任し、国家の最高統治者となった。

(25)**南北共同宣言**　二〇〇〇年六月一三〜一五日、大韓民国大統領・金大中と朝鮮民主主義人民共和国国防委員会委員長・金正日による、朝鮮半島分断後初の南北首脳会談が平壌で行われ、その最終日に発表。宣言の内容は、南北の統一を民族同士による協力で解決していくことなど、五項目に及ぶ。

(26)**アジア通貨危機**　一九九七年、タイ・バーツ急落を契機として、インドネシア、韓国などで通貨が暴落。その後、ロシア、ブラジル、トルコ、アルゼンチンなどにも金融危機が波及。

(27)**盧武鉉**　一九四六年生。韓国の政治家。釜山商業高校卒で司法試験に合格、弁護士となる。二〇〇二年、大統領選に新千年民主党の候補者として出馬。野党ハンナラ党の李会昌候補を破り、第一六代大統領に当選。金大中前政権からの太陽政策を継承する対北朝鮮政策を表明。

▼第六章

(1)**森達也**　一九五六年、広島県生。映画監督・ドキュメンタリー作家。九八年、オウム真理教を撮影した自主制作映画『A』を発表。二〇〇一年、続編『A2』を発表、山形国際ドキュメンタリー映画祭インターナショナル・コンペティション特別賞及び市民賞を受賞。

(2)**オウム**　オウム真理教。カルト的新興宗教団体。一九八四年、麻原彰晃（本名・松本智津夫）を中心に、オウム神仙の会設立。八七年、オウム真理教に改称。信者リンチ殺害事件、坂本弁護士一家誘拐殺害事件、松本サリン事件、地下鉄サリン事件などを引き起こす。九五年、地下鉄サリン事件を契機に、教団施設への強制捜査が行われ、教団幹部、後に教祖麻原も逮捕される。二〇〇〇年、宗教団体アーレフへ改称。

（3）**加藤典洋**　一九四八年、山形県生。明治学院大学教授。文芸評論家。八五年、『アメリカの影』でデビュー。九七年に刊行した『敗戦後論』は、戦後の思想空間をラディカルに解体することを目指し、反響を呼ぶ。

（4）**スミソニアン博物館**　スミソニアン航空宇宙博物館。スミソニアン協会に併設されている国立博物館。一九七六年開館。空を飛ぶ技術の発展について展示。スミソニアン自然史博物館なども併設。

（5）**民団**　在日本大韓民国民団。大韓民国を支持する在日朝鮮人団体。一九四六年設立。

（6）**総聯**　在日本朝鮮人総聯合会。朝鮮民主主義人民共和国を支持する在日朝鮮人団体。一九五五年設立。

（7）**放送法**　放送の番組や運営を、公共の福祉に適合するよう規律する法律。放送局はこの法に基づいて放送番組の基準などを定める。一九五〇年、電波三法の一つとして施行。

（8）**ブレア**　Tony Blair　一九五三年生。イギリスの政治家。九四年、労働党党首。九七年、イギリス首相に就任。

（9）**マイケル・ムーア**　Michael Moore　一九五四年、アメリカ生。映画監督、作家。ユーモアを武器に社会の矛盾に鋭く斬り込むドキュメンタリー制作で知られる。作品『ボウリング・フォー・コロンバイン』ほか。

（10）**木島則夫**　一九二五年、東京都生。ニュースキャスター・政治家。四八年、NHKに入社、六四年にNETに移籍。『木島則夫モーニングショー』の司会などを務める。七一年、参議院議員に当選。九〇年没。

（11）**「オーマイニュース」**　韓国の市民記者による投稿ニュースサイト。二〇〇〇年、保守的国内メディアに対抗する形で、ベテランの調査報道記者だった呉連鎬によって開設。韓国内で最も影響力のあるメディアに成長。

（12）**マボ判決**　一九八二年、トレス海峡にある一つの島の所有権確認を求めて、先住民ミリアム人がオーストラリア・クイーンズランド州を提訴。九二年、連邦裁判所は、先住民の先住権の存在を法的に認知する、画期的な司法判断を下した。原告代表名のエディ・マボにちなみ、マボ判決と呼ばれる。

（13）**憲法裁判所**　憲法の解釈、特に法令の合憲・違憲、適用に関する疑義解決のための裁判所。

（14）**パルマラット**　Parmalat　イタリアの国際的な乳業・食品メーカー。二〇〇三年、不正会計が発覚し、破綻。
(15) **アイゼンハワー** Dwight David Eisenhower 一八九〇年、アメリカ生。軍人・政治家。第二次大戦中の欧州戦線の連合軍最高司令官を経て、一九五三年に第三四代大統領就任(共和党)。六九年没。
(16) **知的所有権** 特許、実用新案、商標などの産業財産権や著作権、また、企業秘密や商号など、人間の創作や産業活動上の識別標識に関する権利を指す。無体財産権。
(17) **北東アジア共同の家** ゴルバチョフの提唱した「ヨーロッパ共同の家」(ヨーロッパの共生への探求)をうけて、和田春樹が提唱したもの。朝鮮半島、中国、ロシア、日本、アメリカにいる朝鮮人を主として北東アジアの共同の安全保障、成長、環境保護、福祉を追求するという構想。一九九五年頃本格稼動。
(18) **日朝平壌宣言** 二〇〇二年に行われた日朝首脳会談で、小泉純一郎、金正日の両首脳により署名。国交正常化交渉の推進、日本の植民地支配に対する反省、核問題及びミサイル問題を含んだ地域安全保障の問題解決への提言などが内容となっている。

みんなでつくる
デモクラシー・マニフェスト

1　もっとも不利益をこうむる者が、もっとも発言力をもつ。
2　デモクラシーは、自宅から始まる。
3　すべての人間は、外国人である。
4　すべての人間は、世間に迷惑をかける権利もある。
5　すべての人間は、権力による抑圧に抗するために、失敗を恐れずに行動する権利がある。
6
7
8
9
10　すべての人間は、自分たちの暮らしをより良い方向に変えられるボタンをもつ。

マニフェストの６〜９の空白は、本書を読まれた方々が、自分自身の言葉で埋めていただけないでしょうか。多くのアイデアが集まって、上記の10項目に収まらず、ぜんぶで100項目にも200項目にもなることを望みます。是非ともチャレンジしてみてください。

姜尚中
テッサ・モーリス－スズキ

姜尚中（カン サンジュン）
一九五〇年生まれ。東京大学教授（大学院情報学環・学際情報学府）。著書に『オリエンタリズムの彼方へ』『ナショナリズムの克服』『日朝関係の克服』『在日』ほか。

テッサ・モーリス-スズキ
一九五一年生まれ。オーストラリア国立大学教授（太平洋アジア研究学院）。著書に『辺境から眺める』『批判的想像力のために』『過去は死なない』『自由を耐え忍ぶ』ほか。

デモクラシーの冒《ぼう》険《けん》

集英社新書〇二六六C

二〇〇四年一一月二二日 第一刷発行
二〇〇四年一二月一三日 第二刷発行

著者……姜尚中《カンサンジュン》／テッサ・モーリス-スズキ
発行者……谷山尚義
発行所……株式会社集英社
東京都千代田区一ツ橋二-五-一〇 郵便番号一〇一-八〇五〇
電話 〇三-三二三〇-六三九一（編集部）
〇三-三二三〇-六三九三（販売部）
〇三-三二三〇-六〇八〇（制作部）

装幀……原 研哉
印刷所……大日本印刷株式会社 凸版印刷株式会社
製本所……加藤製本株式会社

定価はカバーに表示してあります。

© Kang Sang-jung, Tessa Morris-Suzuki 2004

ISBN 4-08-720266-6 C0231

Printed in Japan

造本には十分注意しておりますが、乱丁・落丁（本のページ順序の間違いや抜け落ち）の場合はお取り替え致します。購入された書店名を明記して小社制作部宛にお送り下さい。送料は小社負担でお取り替え致します。但し、古書店で購入したものについてはお取り替え出来ません。なお、本書の一部あるいは全部を無断で複写複製することは、法律で認められた場合を除き、著作権の侵害となります。

a pilot of wisdom

ナショナリズムの克服

姜尚中・森巣 博

在日の立場から、長年「日本」について鋭い批判と分析をつづけてきた姜尚中と、オーストラリア在住の国際的博奕打ちで作家の森巣博という、異色のコンビによるナショナリズム理解の入門書。国家とは何か、民族とは何か、故郷とは何か、そして、何者をも抑圧しない生き方とは何か。

姜尚中　Kang Sang-jung

森巣 博　Morris Hiroshi

集英社新書

日朝関係の克服

――なぜ国交正常化交渉が必要なのか

姜尚中

これからの日朝関係を考えるための入門書。第二次世界大戦以後の朝鮮半島の歴史を概観しつつ、冷戦終結後の、日米安保体制に代わる北東アジア平和秩序のモデルを提示する。南北朝鮮に米国、中国、ロシア、日本を加えた六ヶ国交渉の枠組みを、いち早く提唱した予言的な一冊。

姜尚中　Kang Sang-jung